工廠叢書 ⑩⑤

U0034502

生產計劃的規劃與執行（增訂二版）

蔡明豪/編著

憲業企管顧問有限公司　　發行

《生產計劃的規劃與執行》 增訂二版

序　言

　　製造業在激烈的市場競爭中，面臨著巨大的挑戰：供貨週期縮短、利潤空間減少，促使企業必須加強對生產成本和交貨期進行精確控制；市場競爭的全球化和客戶需求的個性化，促使企業必須運用資訊化來提升管理水準；客戶對產品品質以及可追溯性要求的不斷提高，要求企業必須實現精細化管理；市場的迅速變化使企業必須實現快速反應，實現業務運作的視覺化等，這一切都有賴於正確的產品決策、生產計劃的週密、生產工作的順利、生產調度的及時。

　　本書《生產計劃的規劃與執行》是本公司工廠系列叢書的一本，專門針對生產計劃工作而撰寫，從生產計劃制訂的基礎、生產計劃的制訂、生產計劃的執行、生產計劃控制與作業排序、生產計劃執行過程、生產資訊管理、生產導入管理、生產計劃變更管理、生產能力開發等方面，涵蓋了生產計劃制訂與執行的全部工作。

　　工廠系列叢書柒拾餘本，內容具體務實，非常適合工廠幹部參

考借鑑。本書全面闡述了生產計劃制訂與執行中各個環節的核心工作，通過大量的圖表，將生產計劃的實施辦法、操作技巧、操作步驟詳細地表現出來，便於讀者迅速抓住工作的核心與關鍵，在輕鬆閱讀中得到啟發和提高。

本書上市後，2018 年修訂、增補內容，以製造業的管理模式為基礎，深入分析了生產計劃管理中的各類問題，為生產管理者提供了參考與指導。本書注重工作方法和流程的解析，具體操作性的過程描述，並從生產現場尋找問題，解決問題，總結經驗。生產管理者通過閱讀本書，可以找出解決實際問題，快速地提高管理能力。

本書適合製造業生產主管、生產計劃部門主管、管理幹部閱讀，可解決工廠的各種問題，迅速提升工廠績效。

2018 年 1 月

《生產計劃的規劃與執行》 增訂二版

目　錄

第 **1** 章

掌握生產計劃的先決條件

第一節　生產計劃的組織架構

一、工廠生產計劃

生產計劃的組織結構如圖 1-1-1 所示。

圖 1-1-1　生產計劃的組織結構圖

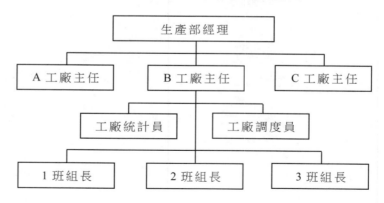

二、工廠生產計劃的組織結構

工廠生產的組織結構如圖 1-1-2 所示。

圖 1-1-2　工廠生產組織結構示例

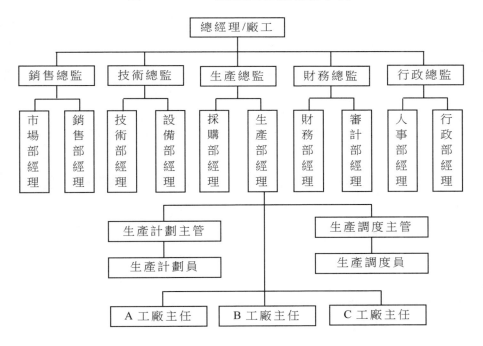

第二節　工廠生產計劃職責

一、生產部經理工作崗位職責

任職資格：

→基本要求

1. 學歷

本科及以上學歷，具備生產運作管理等相關專業知識

2. 專業經驗

四年以上相關行業生產管理工作經驗

3. 個人能力要求

具有良好的團隊建設，組織協調，計劃調度，數據信息收集與處理，電腦應用等能力

→相關說明

1. 有理工科背景和本行業從業背景者優先

2. 具有高度敬業精神，責任心強，能承擔工作壓力，工作細緻、耐心、謹慎、踏實、穩重

職責內容：

1. 組織制定工廠生產管理的各項規章制度，經總經理審批後執行

2. 根據工廠所在行業及生產線的特點，組織編制工廠年度生產計劃

3. 通過對工廠生產設備、人力、場地等負荷能力的分析，預測產能，有效開發生產潛力，實現最優產能水準

4. 根據工廠經營目標、市場需求、產品庫存及產能水準等情況，

定期組織編制季、月生產計劃

5.組織召開生產計劃會議，協調生產管理工作

6.組織人員做好生產所需物料、人力及各項資源的調度工作，確保生產計劃順利實施

7.協調處理外協訂單、緊急訂單和生產異常情況，保證生產進度按計劃進行

8.協調與生產工廠、採購、銷售、倉庫、物流、品質等相關部門的工作關係

→**考核要求：**

1. 考核頻率

季考核和年度考核相結合

2. 考核主體

生產總監

3. 考核指標

生產計劃完成率、生產計劃編制工作按時完成率、多品種生產均衡率、產能負荷分析準確率、標準產能實現率

二、生產計劃主管工作崗位職責

任職資格：
→**基本要求**

1. 學歷

大學本科及以上學歷，具備生產與運作管理專業知識

2. 專業經驗

兩年以上相關行業生產計劃管理工作經驗

3.個人能力要求

具有較強的計劃調度、數據信息統計分析、組織協調等能力

→相關說明

1.擅長生產調度、生產計劃和物料控制

2.具有良好的團隊合作精神，能夠承受工作壓力

職責內容：

1.協助生產部經理編制工廠年度生產計劃,確定各類產品的全年生產任務及各季、各月份的生產任務指標

2.協助生產部經理完成生產能力核定工作,制定各產品的生產週期、在製品定額和生產批量標準

3.組織受理日常訂單和緊急訂單,根據生產計劃安排訂單生產任務,並監督實施

4.對各生產工廠進行日常生產進度的檢查,發現問題及時處理或上報解決

5.收集、統計、分析及核算生產數據,掌握生產進度,回饋和處理異常狀況

6.組織生產計劃員即時收集生產計劃、生產進度、產量數據,並對相關數據進行統計分析,定期向生產部經理提交生產計劃執行報告

7.組織生產計劃員做好生產計劃文件資料的收集、整理、歸檔等工作

→考核要求：

1.考核頻率

月考核與年度考核相結合

2.考核主體

生產部經理

3.考核指標

生產計劃編制任務按時完成率、生產排程準確率、訂單處理及時率、生產計劃執行報告提交及時率、生產計劃檔案文件缺失率

三、生產計劃員工作崗位職責

任職資格：
→基本要求

1.學歷

大專及以上學歷，具備生產管理、統計學等相關專業知識

2.專業經驗

兩年以上本職位或相關工作經驗

3.個人能力要求

具有較好的計劃執行、統計分析、信息收集與處理等能力，以及較強的邏輯思維能力

→相關說明

1.有本行業從業經驗者優先

2.為人頭腦清晰、工作熱情、抗壓能力強，具有良好的團隊合作精神

職責內容：

1.根據各種生產計劃和生產任務，制定各類產品具體的生產數量和生產順序

2.根據制訂的生產進度計劃，傳達各項生產指令，並負責生產計劃及生產指令變更的通知工作

3.跟蹤生產計劃所需的物料、能源、設備、人員、場地的準備情

況

　　4.根據生產變更指令和訂單緊急情況，對生產線正在生產的產品、生產順序進行合理的調整

　　5.對各工廠日常生產進度進行例行檢查，發現問題及時上報

　　6.負責各工廠生產進度數據的匯總、分析工作，及時提交生產進度報表，定期回饋各工廠生產計劃的執行情況

　　7.負責各種生產、統計資料的收集、整理和歸檔工作

　　→考核要求：

　　1.考核頻率

　　每月考核一次

　　2.考核主體

　　生產計劃主管

　　3.考核指標

　　生產指令傳達及時率、準確率，緊急訂單處理及時率，生產進度報表提交及時率，生產計劃資料完備率

四、生產調度主管崗位職責

　　任職資格：

　　→基本要求

　　1.學歷

　　大學本科及以上學歷，具備生產與運作管理專業知識

　　2.專業經驗

　　三年以上生產調度崗位工作經驗

　　3.個人能力要求

具有較強的組織協調、計劃調度、應變、數據信息收集、統計分析等能力

→相關說明

1. 28 歲以上，具有大局觀，為人正直、辦事公平

2. 工作認真、責任心強，能吃苦耐勞，具有良好的人際關係和團隊合作精神

職責內容：

1. 根據主生產計劃和各項生產進度計劃，合理調配原材料、設備、人員等生產資源，確保生產計劃順利完成

2. 督促、協調各生產工廠零件、各工序產成品的流轉，監督制程巡檢人員的工作，確保流轉在製品檢驗合格

3. 根據生產作業計劃、生產任務單等計劃文件，監督各生產工廠的生產進度及任務完成情況

4. 對於生產過程中出現的突發事件，工廠召開臨時性或專題性現場調度會議，及時下發調度令

5. 定期組織各工廠主任召開生產調度會議，檢查上期調度會議所安排任務的完成情況，對本期生產活動進行分析

6. 指導調度專員擬寫調度會議紀要，及時下發至與會工廠及相關部門，並跟蹤會議決策的執行情況

7. 對生產計劃完成情況的統計資料和其他生產信息進行分析研究，為下一階段生產調度工作提供參考依據

→考核要求：

1. 考核頻率

季考核，每年考核四次

2. 考核主體

生產部經理

3.考核指標原輔料、零件、外協件等物料及時調度情況,生產用水、電、氣等能源及時供應率,生產排程達成率,生產調度會議召開及時率

五、生產調度員工作崗位職責

任職資格:
→**基本要求**
1.學歷
大專及以上學歷,具備生產管理、統計學等專業知識
2.專業經驗
兩年以上本職位或相關工作經驗
3.個人能力要求
具有較強的應變、溝通、計劃調度、生產指揮協調等能力
→**相關說明**
1.有本行業從業經驗者優先
2.身體健康,精力充沛,具有健康的情感和良好的個性
3.工作責任心強,具有良好的綜合素質
職責內容:
1.根據生產作業計劃和生產進度,現場協調人員、物料和設備,疏導、開展生產活動,確保按時完成生產任務
2.根據生產進度,協調、督促生產工廠零件及各工序產成品的流轉,保持生產有效運行
3.及時協調、安排緊急訂單和補貨訂單的生產

4.監督、檢查各生產環節半成品的投入和出產進度，發現問題及時協調

5.監督、檢查生產工序物料缺損情況，跟催生產環節所需物料，確保物料充足、到位及時

6.參加生產調度會議，彙報當班期間的生產作業情況，記錄、整理和下發會議紀要

7.收集、整理日、週、旬、月計劃完成情況的統計資料和其他生產信息

→**考核要求：**

1.考核頻率

月考核與年度考核相結合

2.考核主體

生產調度主管

3.考核指標

生產排程達成率、生產任務單準確率、物料跟催及時率、緊急／補貨訂單按時完成率、調度會議紀要下發及時率

第三節　製造過程的選擇

一、生產過程結構類型

上述所有指標的屬性定位都與一個重要情境因素相關，這就是由於產品性質決定的生產過程的類型。

製造業的各種生產類型可歸結為五類：連續生產、大量生產、批量生產、單件生產以及項目生產。

⑴連續生產(Continuous Production)。連續生產是根據需求常年無間歇地生產產品，從原材料投入到產品產出的全過程為自動化，如煉銅、化工、煉鋼等行業。

⑵大量生產(Mass Production)。大量生產的產品品種與連續生產比較起來要多一些，但產品數量很大。由於生產對象基本固定，產品設計和技術過程的標準化程度高，工序劃分和分工很細，操作工人可以重覆進行相同的作業。典型的大量生產行業有汽車工業、電子工業。

⑶批量生產(Batch Production)。批量生產產品品種較多，而每個品種的產量較少。一般為定型產品，有相同或類似的技術路線，通常採用配以專用技術裝備的通用設備，從一批產品轉到另一批產品生產要花費調整時間，故又稱間歇生產。典型的批量生產有機床製造、輕工業機械製造行業等。由於批量的規模差別較大，通常又分為大批量生產、中批量生產和小批量生產。大批量生產接近大量生產，可參照大量生產特點來組織生產，固有大量、大批量生產之稱。小批量生產接近單件生產，可參照單件生產來組織生產，故常稱單件小批

量生產。

⑷單件生產（Job Shop）。單件生產產品的品種多而每一品種的產量數量很少。產品生產重覆性差，各自有單獨的技術路線，生產技術準備工作的時間長。設備和技術裝備都不通用，設備利用率較低，產品生產週期長，產品成本高。像重型機械製造等行業就屬於單件生產類型。

⑸項目生產（Project Production）。項目生產產品的體積龐大，難以搬運甚至固定不動，如船舶、飛機、橋樑和高速公路的構建。這類產品投資大，製造時間長，應作為一個工程項目來組織生產。

在機械製造行業中，單件生產、批量生產和大量生產過程是主要的，連續生產和項目生產很少遇到。大量客戶化生產（Mass Customization）是新近發展起來的生產方式，它有望成為新的一種生產類型。它是單件生產方式在當代環境下發展而成的。大量客戶化生產這個名詞，就其中客戶化這個概念而言，它並不新穎，以服裝、鞋帽為例，從生產者角度來說，難以滿足每個消費者的要求，因此，衣服和鞋帽都有標準尺碼和型號。但有兩種情況生產者願意按某人需求來生產，一是用戶要求很高，如名演員或頭面人物，不願意有半點遷就，要求定做，當然客戶願意支付更高的價格。二是有些生產者按批量生產或大量生產競爭不過他人，靠「量體裁衣」製作以維持利潤，因此，只能做到「少量客戶化」，滿足少量客戶的個人需求。大量客戶化生產提出的新意在於「大量」二字，強調不只是滿足個別客戶或少數客戶的需求，而是滿足大量客戶的個性化需求。

二、生產過程的特徵指標

表 1-3-1　各類生產過程的特徵指標

特徵指標		過程類型				
	項目	單件小批量	批量	大量	連續
產品和市場	產品類型	定製	定製		標準	標準
	產品品種	廣泛	廣泛		窄，標準產品	很窄，標註產品
	客戶訂單規模	小	小		大	很大
	引入新產品頻率	高	高		低	無
	銷售內容	能力	能力		產品	產品
製造	設備類型	通用	通用		專用	高度專用
	過程柔性	高	高		低	無柔性
	產量	低	低		高	很高
製造	廠房利用率	混合	低		高	高
	能力變化	漸增式	漸增式		階躍式	新設施
	製造中的關鍵任務	符合規格/交貨期	符合規格/交貨期		低成本生產	低成本生產
投資及成本	基本投資水準	低/高	低		高	很高
	庫存水準					
	零件/原材料	按需求	按需求		緩衝儲備	緩衝儲備
	在製品	高	高	很高	低	低
	製成品	低	低	很高	高	高
	總成本比率					
	直接勞動消耗	低	高		低	很低
	直接材料消耗	高	低		高	很高
	工廠管理費	低	低		高	很高
基礎設施	適宜的組織控制方式	分散/集中	分散		集中	集中
	組織管理模式	企業家型	企業家型		科層型	科層型
	最重要的生產管理要素	技術	技術		經營/人	技術
	專家對製造的支持程度	高	低		高	很高

大量客戶化生產過程儘管發展前景很好，但它的基礎仍然是單件、批量、大量生產，而且實踐時間還不長。下面分析各類指標的屬性時，仍按上述五類過程來討論。表 1-3-1 表明在各類生產過程中特徵指標的屬性，如產品和市場類包括產品類型、產品品種、訂單規模、產品變化程度、銷售亮點等。在製造業常遇到的單件、批量和大量生產中，這些指標存在一定的選擇空間，有待做出決策。

第四節　掌握生產型態

生產型態可分為預期性生產，接單生產等等不一而足。要想加以改善，那首要之務就是必須對它加以確切地掌握了。

一、如何掌握生產的型態

談到工廠的生產型態，依據企業規模或行業種類可以區分為許多型態。例如有接受訂制大型馬達或船舶，而按照顧客指定的單一款式進行生產的；也有例如家電產品這樣，由廠商預定幾種款式來進行大量生產的。

由於近年來顧客的需求趨向多樣化，以及短期交貨需求之強化，使得廠商面臨著必須能夠迅速因應銷售變化來改變他們的生產型態。

然而，與其說生產型態是依存著企業規模或行為的種類，倒不如說是由工廠安排的生產方法，亦即生產方式來作取決的。而，生產方式可由下述四項觀點來加以掌握。

‧ 產品的種類與生產量——由產品種類及生產量大小的平衡性

來加以掌握。

· 接單的時機——可由接單的時機掌握生產的進度來掌握生產。

· 生產的連續性——可由生產的作法本身來加以掌握，譬如採接單即行生產或接單後先行整理成批再進行生產，由此而產生明顯的差異。

· 接單的情況與生產之關聯性——由承接所訂貨物的水準來掌握生產的型態。

二、接單型的生產型態

工廠的生產必須在接獲訂單之後始為有效。因此，何時接到訂單，亦即在接單之際，生產方式也因而大勢底定。以接單生產的情況來說，有預期性生產、接單生產、採購零件生產等三種。

1. 預期性生產

由先行生產而後才接單的方式，一般稱之為預期性生產。此種生產方式的要點在於事前必須掌握顧客的需求來決定產品的式樣，據此進行設計、調度處理及進入生產過程，在製品完後再行接單出貨。

表 1-4-1　預期性生產方式與特色

生產觀點	生產方式	特色內容
產品種類 與生產量	少數品種多量生產	針對少數的品種作大量的生產
	中數品種中量生產	中等程度的品種作中量程度的生產
	多量品種少量生產	採多樣化品種，少數量的生產
接單時機	預期性生產	根據預期性情報而進行生產
	採購零件生產	採購半成品來進行生產
	接單生產	接單後再行生產
生產 連續性	連續性生產	重視流程化作業的生產
	整批生產	整理成批再行生產
	個別性生產	按接單的數量進行生產
預期接單 與生產的 關聯性	產品預期性生產	依照產品的水準而作接單預期性之生產
	零件為主的生產	以零件預期接單性而為之生產
	個別接單生產	按訂單指示安排個別性的生產

2.接單生產

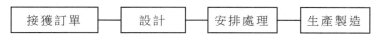

接獲訂單　→　設計　→　安排處理　→　生產製造

　　在接到訂單之後再行生產的方式，一般稱之為接單生產。在這種生產方式下，一般乃是由顧客在下訂單時指定式樣，廠方再依照顧客的需求進行設計及安排處理，最後才進入正式的生產。

3.採購零件生產

設計　→　安排處理　→　製造（加工）　→　接單　→　生產（裝配）

就是先行購入零件，並且把製造過程二分化，亦即分為加工及裝配兩個階段，而一般是在這兩個生產過程中接到訂單，這種方式稱為採購零件生產。

三、生產連續型的生產型態

工廠的生產方式也可從生產連續性的觀點來加以掌握。談到工廠的生產型態，與其說是受到接單的影響或是對於交貨期限等外在因素的支配，倒不如說是廠方基於利潤的立場，實際上並不喜歡不斷地更換產品，或是由於產品實在生產不易而不得不分段作業，基於這些內在因素而決定生產型態者居多。

1. 連續性生產

廠方購置生產某種特定產品的機械設備，以一定的單位工作時間不斷地重覆連續生產的方式。此時，訂單的型態必須是產品的種類不變，作業易於單純化、標準化，而且數量龐大，能夠長期繼續生產為前提。

2. 個別性生產

廠方必須備有能夠生產某些不同程度產品的泛用型機械設備，來應付顧客的訂貨進行個別式的生產。在這種情況下，產品乃是隨著訂貨而異，而使得作業複雜化，而且數量很少，甚至是指定一個產品一個式樣的情況。

3. 整批生產

雖訂貨量不及必須連續生產那樣龐大的數量，但每次的訂貨也都有相當的數量，此時就把數量湊集在一起，以整批生產的方式來處理。這種方式是經常可見的生產型態，廠方須備有機能分類的機械配

備，把市場需求量較大的零件作預期性生產，存倉待銷。

四、先由掌握生產型態來進行改善

由上述可知生產型態並非各自單獨存在，少數品種多量生產的現象多見諸於預期性生產的情況，而且採連續性生產存倉待銷，亦即先做出預期可銷的產品再行接單銷售，此法稱之為產品預期性銷售。

各種生產型態各自相互關聯，是以，此間所發生的問題自是有些類似了。例如以預期性的生產型態來說，當需求有所變動或設備投資之擴大，降低成本的強烈要求、新產品開發呈激烈化等等的變動時，所需採取的因應對策也和其他生產型態一樣是在於重視計劃這一點了。

在改善生產系統時，正是著眼於應當採取的改善策略，因而，此時確切地掌握生產的型態就成了至關緊要的事了。

表 1-4-2　不同生產類型的期量標準

生產類型	期量標準
大量生產	節拍、流水線工作指示圖表、在製品定額
成批生產	批量、生產間隔期、生產週期、在製品定額、提前期、交接期
單件小批	生產週期、提前期

表 1-4-3　工廠各類生產計劃編制方法

工廠生產計劃	編制方法	具體編制事項
大批生產的班組作業計劃編制（產品品種少、生產穩定、節拍生產的流水線）	只需從工廠總的月作業計劃中，將有關產量任務按日均勻分配到相應班組	通常用標準計劃法為班組操作人員分配生產任務，即編制標準計劃指示圖示 1. 把班組所加工的各種製品的投入產出順序、期限和數量以及各工作地的不同製品次序、期限和數量全部製成標準，並固定下來 2. 有計劃地做好生產前的各項準備工作，嚴格按標準安排生產活動 3. 不用每日編制計劃，只需將每月產量任務做適當調整
成批生產工廠作業計劃編制	取決於工廠生產組織形式和成批生產的穩定性	1. 如果班組是按生產對象原則組成的，即各班組生產的零件為工廠零件分工表中所規定的零件，因此，班組月計劃任務從工廠月生產任務得出，無需進行計算 2. 如果班組是按技術原則組成的，可按在製品定額法或累計編號法，通過在製品定額和提前期定額標準安排任務，並編制相應的生產進度計劃
小批生產工廠作業計劃編制	單件小批生產品種多，技術和生產組織條件不穩定，不能編制零件分工序進度計劃	1. 根據單件小批生產特點，對於單個或一次投入一次產出的產品，先對其中主要零件及工種安排計劃，指導生產過程中各工序之間的銜接 2. 其餘零件可根據產品生產週期表中所規定的各工序階段提前期類別，或按工廠計劃規定的具體時期，以日或週為單位，按各零件的生產週期規定投入和產出時間

第五節　生產計劃的樣品開發工作

表 1-5-1　樣品設計與開發流程的內容

內　　容	說　　明
樣品開發準備工作	包括樣品圖紙的來源、關鍵內容、審核以及打樣作業的資源準備和技術條件等。
樣品的設計與開發	包括傳統與現代的產品開發流程、產品生命週期與創新競爭力、樣品開發流程、樣品開發的技術性考慮、樣品生產作業過程和相關要求等。
合格樣品的作業管理	包括合格樣品編號管理、客戶方樣品管理方案、樣品生產作業規範管理、樣品的更新和銷毀程序等。

表 1-5-2　樣品開發準備工作的內容

主要內容	說　　明
樣品圖紙的來源	包括研發部設計、從設計機構購買、從市場上購買樣品或範本、客戶提供四種管道。
樣品圖紙的關鍵內容	包括圖樣、材料、產品或工序名稱、比例、表面處理、公差要求等。
樣品的審核	包括對樣品的外觀、規格顏色、材質是否符合品質要求進行審核確認。
打樣作業的資源準備	包括對工作方法、材料、設備、人員、環境等工作準備程度的確認。
打樣作業的技術條件	包括生產設計和技術的支援等。

樣品直接反映企業產品的品質、技術能力。樣品設計與開發流程的內容，如表 1-5-1 所示。

樣品開發準備工作直接關係到樣品設計與開發、樣品作業管理工作的好與壞，具體內容如表 1-5-2 所示。

一、樣品圖紙的來源

樣品圖紙是樣品生產的依據，樣品圖紙的來源包括以下四種管道。

1.研發部設計

研發部根據市場需求自行設計開發樣品，供生產或銷售使用。

2.從設計機構購買

向專業從事產品開發與設計的企業或機構購買樣品圖紙，供生產或銷售使用。

3.從市場上購買樣品或範本

從市場上購買樣品或範本，由生產部和設計部進行改進，繪製技術。圖紙，進行生產活動。服裝、玩具、車輛、電子、機械等行業經常採用這一手段。

4.客戶提供

客戶直接向生產廠家提供樣品圖紙，由生產廠家進行樣品生產。

二、樣品圖紙的關鍵內容

樣品圖紙是指用圖樣表示樣品的結構形狀、尺寸大小、工作原理和技術要求，由圖形、符號、文字和數字等組成，是表達設計意圖和

製造要求以及交流經驗的技術文件。

樣品圖紙分為五類，如表 1-5-3 所示。

表 1-5-3　樣品圖紙的五種類別

類別	說　　明
零件圖	表達樣品零件的形狀、大小以及製造和檢驗零件的技術要求。
裝配圖	表達樣品中所屬各零件與部件間的裝配關係和工作原理。
佈置圖	表達樣品生產設備在廠房內的位置。
示意圖	表達樣品的工作原理，例如，表達液體或氣體輸送線路的管道示意圖等。
軸製圖	是一種立體圖，直觀性強，是常用的一種輔助用圖樣。

樣品圖紙的項目包括圖樣、材料、產品或工序名稱、比例、表面處理、公差要求、設計者、審核者等。

三、樣品的審核

樣品審核確認的步驟如下：

⑴樣品製作完成後，由品質工程師對樣品的外觀、規格顏色、材質(物理特性測試、化學特性測試)是否符合品質要求進行確認，如果是新樣品，品質工程師確認後需交品質部主管、工程部或相關部門再確認。

⑵樣品經測試合格後，應將樣品和樣品製作申請單交申請部門，由申請部門核對樣品是否齊全，樣品單是否有品管檢驗合格的印章進行審核，如無誤，則簽收核對樣品製作申請單。

表 1-5-4　　樣品審核的必要條件

⑴樣品交貨前，樣品檢驗規格必須獲得中心廠品質部的認可。

⑵樣品必須用正式生產所使用的夾具、模具進行生產，如有特別情況，要在樣品檢驗記錄上註明。

⑶來自多套模具、夾具生產的樣品，應每套各提供一件樣品給中心廠審核。

⑷外包商須先自行檢驗樣品，尺寸測量數據應填寫樣品檢驗記錄。材質及規格試驗完成後，所做記錄應填寫材質規格確認書及工程規格確認書。

四、打樣作業的資源準備

樣品經測試合格後，進入打樣作業階段。在此過程中，企業需要確認以下五個方面的工作準備程度。

1. 工作方法準備

⑴廠方是否具有打樣作業及工作變更的管理制度。

⑵如果沒有相關制度，打樣作業如何管理。

⑶有無可用的規格、標準。

⑷品質管理部是否對樣品設計的適用性進行了核查。

2. 物料準備

⑴採購物料是否有檢驗標準單。

⑵廠家對物料是否利用實驗室做實驗。

⑶發現不合格物料，是否有處理制度。

⑷對供應商材料的品質問題，檢驗單位是否能與採購及工程部及時聯繫。

3. 人員準備

⑴現有人員的技術能否從事打樣作業。

⑵如果現有技術人員不具備從事打樣作業的技能，應如何進行培訓。

⑶作業人員是否有樣品圖紙。

⑷操作人員有無完備的打樣作業說明書。

⑸人員數量有無增加的必要。

4.環境準備

⑴打樣作業對作業環境有無特殊要求。

⑵廠家能否提供適宜的打樣作業場所。

⑶對空氣、噪音、水污染的作業有無防範措施。

⑷生產安全措施是否到位。

5.設備準備

⑴機器設備是否保持整潔、可用。

⑵現有設備是否適用於打樣作業的需要。

⑶現有設備的數量是否有增加的必要。

打樣作業的資源準備包括以下三個目標。

①確定樣品各部件、組合件的結構、尺寸、技術條件，繪製樣品總圖、部件裝配圖、主要零件圖等。

②編制零件、附件、通用件、標準件、外購件及特殊材料明細表，編寫設計說明書，包括主要技術經濟參數的確定，結構性能、外觀尺寸及樣品製造、裝配、核對交貨的標準與技術條件。

③明確樣品設計中採用的新結構、新技術等的試驗、論證報告。

五、打樣作業的技術支援

打樣作業需要一定的資源準備，還要有相應的技術支援，包括企業在開發樣品、改造樣品、採用新技術和改變生產組織方法時所進行的一系列生產技術上的準備工作。

1. 生產設計的支援

為樣品的生產或樣品的改進提供高品質的圖紙和技術文件。

生產設計支援包括以下三個方面的內容。

⑴支援確定新產品的具體結構、技術要求、技術指標和主要零件的尺寸、材料和品質等。

⑵對樣品進行選型，選擇最佳的設計方案。

⑶設計和繪製施工需要的全套圖紙和技術文件。

2. 技術的支援

技術支援是指在保證樣品符合設計的前提下，確定使樣品順利生產的製造方法和技術裝備的準備工作。

技術支援包括以下五項內容。

⑴產品圖紙的技術分析與審查。

⑵制訂產品的技術方案。

⑶編制技術規程。

⑷設計和製造技術裝備。

⑸制訂產品的物料消耗定額和工時定額。

六、案例：日本精工石英手錶的開發管理

　　瑞士廠家於 1967 年與日本精工同時開發出石英手錶的展示品，但認為其價格過高，只把它當成一種市場容量有限的高檔產品，仍把主要精力放在提高機械式手錶的性能方面。

　　1969 年年底，日本精工在世界上首次開發出模仿式石英手錶，利用半導體等技術，改良原有的機械式手錶自動組裝生產線，實現了模仿式石英手錶的小型化和低成本化，確立了大量生產低價石英手錶的體制。接著，1973 年，精工開發出液晶顯示的數碼式手錶，完全掌握了石英電子錶的製造技術。到 1982 年，精工已有大約 80%的產品實現了石英化，但瑞士廠家石英化的步伐卻遲緩了許多。

　　日本精工的機械手表無論是在品質上還是在價格上，都很難與歷史悠久的瑞士手錶相抗衡。瑞士廠家與日本精工同時開發出了石英手錶的展示品，為何結果的差距如此之大？

表 1-5-5　精工獲得成功的原因

成功表現	具體說明
取得技術領先地位，建立產品標準	率先開發出新產品的企業往往在技術上領先競爭對手，並能得到市場的認同和支援，甚至可以為產品技術或其他活動確定標準，使企業的領先地位更持久。
優先控制關鍵資源，並實現快速發展	可優先選擇勞力、供應商和設備，優先拓展市場需求，獲得快速發展的機會，以及提高產品的市場佔有率和品牌認同度。
與客戶建立良好關係	建立了相對於競爭對手的差異化優勢，獲得了領先者或開拓者的聲譽，有利於培養客戶的忠誠度。

　　企業開展創新活動時，必須堅持「創新要有價值」這一原則。產品創新可通過以下四個問題，評價創新活動是否有價值。

　　⑴是否明白「消費者的不滿就是創新的歸宿」的真實含義？

　　⑵創新產品是否具有滿足目標消費市場的新的實用性──技術層面？

　　⑶創新產品是否具有滿足目標市場的新的使用效果──視覺效果？

　　⑷創新產品是否具有滿足客戶提升自身價值的具體元素──心理因素？

　　新產品要想取得成功，可對產品的五個方面進行創新設計，如表1-5-6所示。

表 1-5-6　產品創新的五個方面

創新方面	說　明
創新產品標準	在產品開發過程中，一方面應按照標準、國際標準進行創新，另一方面，應以消費者要求為最終標準，使產品最大限度地滿足市場需要。
創新品種、花色、樣式	隨著科學技術的迅速發展，產品生命週期日趨縮短，產品的流行色、樣式變化迅速，企業必須不斷加速產品的更新換代，適時推出新品種、新花色、新樣式。
創新產品包裝	包裝創新要與產品的特性和價值相符，進行適度包裝。
產品品牌創新	根據市場的發展和競爭的變化對品牌加以創新，以獲取目標消費群體的認可，不斷擴大品牌的知名度。
產品服務創新	不斷改進和提高服務水準和服務品質，不斷推出新的服務項目和服務措施，最大限度地滿足消費者的需求。

第六節　生產訂單的管理流程

一、訂單的接收和及時確認

接收、確認是訂單管理的第一步，目的是取得客戶的訂貨資料。訂單接受和確認流程，如圖 1-6-1 所示。

圖 1-6-1　訂單接收和確認流程圖

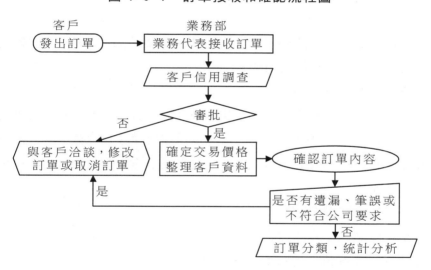

企業在接收客戶訂單時，需要進行以下三項工作。

⑴審核訂單填寫的形式、貨物名稱、規格、單價金額、數量、交貨日期、付款方式、包裝方式、出貨方式等。

⑵業務部根據財務部提供的客戶信息審核客戶的資信等級。

⑶審核通過，採購部審核訂單材料有無特殊要求，檢查是否有庫存，再由計劃組根據生產能力對訂單進行審核，並確定首批訂單的交

貨時間。如果不能滿足客戶的訂單要求，應發《訂(補)貨單更改或取消聯繫函》，請客戶確認。客戶同意更改，採購部重新整理訂單，客戶不同意更改，則取消訂單。業務部確定接收客戶訂單後，應及時向客戶發出訂單確認函，由客戶簽字認可。

訂單確認函的內容包括以下五個方面。

1. 確認付款方式

確認付款方式是否為企業可以接受的方式。如果不能接受訂單描述的付款方式，應電話或傳真告知客戶進行協商。

2. 確認包裝要求

確認企業是否能夠滿足訂單規定的包裝要求，以及客戶提供的包裝資料是否齊全，有無明顯錯誤。

3. 確認交貨方式

交貨方式主要有空運、海運和陸運。接到訂單時，首先應明確運輸費用由誰支付，再由費用支付方決定採用何種交貨方式。如果是量少又急需的貨物，採用空運；如果是量多又不急需的貨物，一般採用海運或陸運。

4. 確認交貨時間

根據企業的生產能力和客戶的具體要求，確認交貨時間。

5. 確認單價、金額

確認單價、金額是否有誤，如果有誤，應及時與客戶修正，重新計算價格。如果客戶對以上內容無異議，則將訂單納入企業生產日程，進入分類統計階段。

二、訂單的分類和統計分析

　　業務部按照訂單的緊急度和供貨週期進行分類，安排訂單生產的
先後順序，制訂供貨週期計劃表，如表 1-6-1 所示。

表 1-6-1　供貨週期計劃表

產品代號	A 特急週期 20（天）	B 急件週期 25～26（天）	C 正常週期 27～30（天）	備　　註

說明：1. B 急件週期加價 5%。

　　　2. A 特急週期加價 20%。

　　訂單分類完畢，業務部要按照訂單的內容進行統計分析，為制訂
訂單生產計劃提供依據。

　　訂單統計表如表 1-6-2 所示。

表 1-6-2　訂單統計表

接單日期	製造單號	品名	規格	訂貨量	單價	金額	需要日期	物料供應狀況		其他	預定日期 自	至	品質記錄	完工日期

三、評估生產能力，確保訂單有效完成

生產能力是指生產設備在一定的時間內所能生產的產品數量，生產能力通常以標準直接工時為單位。

生產能力分為正常生產能力和最大生產能力，如下圖所示。

圖 1-6-2　生產能力的分類

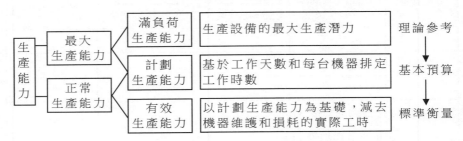

1. 正常生產能力是指設備在正常使用條件下，最合理最有效的最大產出能力。這種生產能力，是企業使用合理人員，在合理的時間安排下，設備產出最大，成本最低，效益最佳時的生產能力，也稱最優生產能力。

2. 最大生產能力是指設備在一定條件下能夠最大限度利用時的產出能力，這種生產能力是技術意義上的生產能力，是扣除設備所需的正常維修、保養時間外，設備連續運轉時的最大產出能力。

企業的生產能力分為作業場地生產能力、機器設備生產能力、人員生產能力三種。

四、將客戶訂單轉化為生產計劃

在分類和統計分析訂單要求，評估生產能力後，就需要把客戶的訂單轉化為生產計劃，按照計劃有序地開展生產活動。

制訂訂單式生產計劃，首先必須明確以下四項內容。

1. 生產什麼產品——產品名稱、零件名稱。

2. 生產多少——數量或重量。

3. 在那裏生產——部門、單位。

4. 要求在什麼時間完成——期間、交貨期。

制訂訂單式生產計劃通常使用反向排程法，即出貨日確定後，生產及採購計劃在日程中應如何配合。

例如，某一產品接受的訂單數為 6000 套，10 月 11 日接單，出貨日為 11 月 24 日，如果：

⑴生產時間為 20 天。

⑵零件、物料的採購時間為 3～10 天(訂單訂購)。

⑶材料運輸時間為 6 天。

⑷材料檢驗時間為 3 天。

⑸材料寬裕時間為 2 天。

⑹成品完成到出貨存放時間為 3 天。

按照反向排程法制訂的該產品訂單生產計劃，如圖 1-6-3 所示。

圖 1-6-3　某產品訂單式生產計劃示意圖

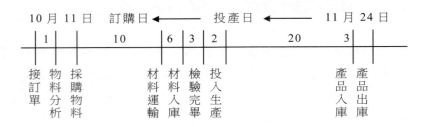

制訂訂單式生產計劃要注意以下六點要求。

1. 保證按期完成訂單合約所規定的產品品種、數量。

2. 把各種產品的生產活動進行合理的組合與搭配，確定各個時期產量的增長幅度，使企業各工廠在全年各季、各月的生產設備負荷得以均衡。

3. 使原材料、外協件的供應時間和數量與生產的安排協調一致。

4. 使生產技術準備工作與產品生產的安排在時間上緊密銜接，充分考慮生產技術準備週期。

5. 充分考慮各部門的銜接，注意部門間的溝通。

6. 使生產任務的安排同各項技術組織措施實施的時間結合起來，使季、月生產任務的完成有可靠的保證。

第七節　訂立生產計劃

生產計劃之擬定，要做到沒有浪費，絕不勉強，面面俱到，能夠全力以赴共赴生產目標等原則。

一、生產計劃的種種

在這世上有著各種各樣的計劃，有輕鬆的旅遊計劃，也有嚴肅的工作計劃。而計劃的名稱就由計劃的內容來定名，例如某雜誌的「春節增刊號編輯計劃」等等。

再來談到生產計劃，雖然我們可以從「生產」這兩個字一目了然，此項計劃是製造產品的計劃，然而，其中究竟意味著什麼樣的內容，什麼樣的程度，那可是非常含混不清囉！

一般來說，製造企業的生產計劃，在此蘊含著兩種意義。

一者為包含著企業的戰略意義，添加上利潤計劃或銷售計劃而作成的。這種計劃大概跨越半年至一、二年的長時期，人們稱之為長期生產計劃或是遠端計劃。

這種長期生產計劃是以整個企業、整個工廠為對象者居多，而這種計劃的程度也是相當粗枝大葉的，僅大致上列出每個月、每一種產品的生產量這種大概的數字而已。至於，接單型的製造企業也是一樣，以預估數據作為根據訂定概略的計劃如此而已。

另一方面，把長期生產計劃訂得更為具體化，可以說是極具臨場感的生產計劃。長期生產計劃的計劃範圍是涵蓋半年至一、二年的期限，而這種計劃則是以 1～3 個月為期的計劃。因而，把這種計劃稱

之為短期生產計劃或中程計劃。

短期生產計劃是把長期生產計劃裏所顯示的每個月的生產量作為探討的基礎，更深入地以工廠內的生產部門作為對象所訂立的計劃。

像這樣，在一般的製造業裏有兩套生產計劃，在此，就實際生產上較為重要的短期生產計劃作為探討的重點論述。

二、生產計劃務必要詳實週密

當企業接下了訂單或決定展開新產品的開發計劃時，設計部門就會畫出設計圖來。

生產計劃就根據這個設計圖來進行擬定的作業。首先就產品的製造順序或材料等的標準製作出加工程序計劃，而這項草案計劃就成為其後訂定生產計劃所需的各種計劃的藍本。

繼加工程序計劃之後就是材料計劃與作業數據計劃。在材料計劃書中，就生產所需的零件或材料加以訂出計劃。而在作業數據計劃裏則是預算出作業所需的工時、工數。繼而再由這個作業數據計劃細訂出每天的作業進度計劃。由這各種細部計劃總結而成一套完整的生產計劃，以下就各項細部計劃來分開加以探討。

1. 作業程序計劃

把設計圖裏所列示的產品，就品質、成本、交貨期限等各方面來進行研討，決定出有效的生產計劃。而這項計劃又稱之為作業設計，因而，也必須在生產技術層面具備豐富的知識與經驗，因此，擔任這項計劃的人，自然是以對生產現場瞭若指掌的主管方能勝任了。

圖 1-7-1　新產品的開發計劃設計圖

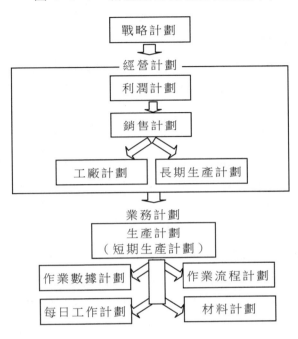

2.作業數據計劃

把在長期生產計劃裏所顯示的每個月、每種產品的生產量,擬就每個月把它如期完成所需的作業程序計劃,並且計測出所需的機械或設備的數目以及所需的人員及人數。繼而,就計算出來的結果去進行人員及設備的能力調整,或是安排發包的作業,如此這般地進行調配的作業,這就是本項計劃的重點。

3.每天的作業計劃

這就是把長期生產計劃所列出來的每個月、每種產品的生產量預定在每個月如期加以完成時,每天所需分配的各種細部作業加以一一列舉出來的每天的作業計劃。

按日期來分配作業，亦即決定作業的動工日與完成日，要做到這一點就是要掌握該項作業所需的日數以及與該項作業有關的前置作業與後續作業而後才能作出決定來。

而，這裏所指的所需的工作日數可由作業數據計劃裏求得，至於作業的前後關係那就得由作業順序計劃裏找出答案了。

4.材料計劃

把長期生產計劃裏所列示的每個月、每種產品的生產量，擬定在每個月裏如數達成，而，此時所需的材料採購計劃就稱之為材料計劃。

一般而言，在這材料計劃裏必須就材料的加工程度把它分成原料或零件兩種分別列出來。

在原料採用計劃方面，除非設計圖上已經標明採用鑄造品或鍛造品的原料那就另當別論，否則仍應詳加考慮是否可以用更經濟的原料加工方法或取用更廉價的材料，這些都要標示於預定採購計劃上。

再者，在零件採用計劃上，要留意其需用量是由需要該項零件之產品的生產量而定。另外，還要注意的一點是，在預算採購量時，也要把其他產品的共用零件加以整理出來。

5.其他方面

除了上述四項計劃之外，在擬定生產計劃時還需要考慮的是人員的補充及作業分配上所需的人員計劃及列出所需機械設備的設備保養計劃以及列明所需工具類的工具調配計劃。

三、計劃與統制

當所有的作業計劃皆已週詳地訂定，而且能夠按步就班地實行，那就不會有什麼問題，可是，事實上，每天總是會有各種情況發生，

使作業出現障礙，無法維護當初既定的計劃。此時就要根據每天的作業實績與計劃的進度來調整了。而這項工作稱之為生產統制，乃是和生產計劃並列成對的。

第八節 （案例）全面訂單計劃管理體系

隨著公司規模的擴大和經營範圍的擴張，寶供集團業務運作相關的流程和信息支撐，在滿足內部客戶和外部客戶方面都存在一些問題，例如，現有的信息系統之間的信息孤島問題，業務流程的分立問題，對執行過程的忽視問題等。這些問題直接影響了總體業務運作品質，降低了上層對業務的監控能力，同時也影響了公司的決策和客戶對服務的滿意度。

為了改變這種局面，寶供集團決定建立一套適用、有效並能夠起到統籌和支撐作用的物流一體化信息系統。結合未來公司信息系統結構的思路，這套系統將成為 ERP 的核心模塊。由於物流業的行業特性以及物流業存在太多的特色因素，寶供集團決心自主開發物流一體化信息系統，這也為實行全面訂單管理體系打下了基礎。

全面訂單管理項目作為寶供 2002～2003 年度的重點項目，對公司的訂單管理進行了廣泛的變革。全面訂單管理不再局限於業務運作層面，它兩端向市場和財務深度延伸，再加上本身集成的供應商管理、索賠理賠等輔助功能模塊，完全實現了信息流閉環和一票到底的全面訂單管理。

全面訂單管理系統主要包含以下三個方面的內容。

(1)流程。結構化的訂單處理流程是全面訂單管理的核心。寶供的

全面訂單管理項目為了實現訂單處理的事前計劃、事中控制、事後考核，設計了結構化業務核心流程模塊，如圖 1-8-1 所示。

圖 1-8-1　寶供全面訂單管理系統結構化業務核心模塊流程圖

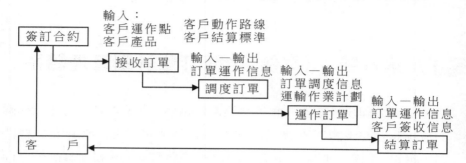

(2) IT 技術。在全面訂單管理項目中，流程和組織實現的支撐基礎是現代信息技術的應用。寶供物流在全面訂單管理流程中使用 IT 技術做到了事前計劃、事中監控、事後考核，並將 IT 技術應用到組織設置和考核中，全面訂單管理實現了對組織人員績效的有效管理。

(3) 組織。組織是根據流程設計的，是流程得以實現的根本保障。寶供全面訂單管理系統根據客戶訂單特點和寶供運作特點設計了業務部門組織工作職責。其特點主要包括：圍繞工作流程而不是部門職能建立機構，傳統的部門邊界被打破；改變了金字塔形的等級機構，取消了中間層級，實現了縱向層級扁平化；管理的任務能委託到更低的層次；管理組織體現了專業分工與人力資源整合的原則，有利於提高生產率。

案例討論

(1) 你所在的企業，是否建立了與寶供集團相類似的訂單管理體系？請做簡要描述，並分析其中的優劣勢。

(2) 全面訂單管理系統應包含那些內容？

經驗價值

　　寶供集團的全面訂單管理系統，從業務功能角度看，它是物流管理信息系統的一個子系統，但實際上是寶供以改造訂單管理為契機，推出的一種以提高客戶服務為核心，對企業管理進行多方位優化的先進理念，具有以下幾個方面的積極作用。

　　(1)促進企業業務流程的改造。

　　(2)系統在技術上採用了多項業界標準，對於提高系統的穩定性和可移植能力等方面有較強的支持作用。

　　(3)規範了信息處理流程，提高了信息共用效率。

　　全面訂單管理系統的實現，加速了上下游系統的接口標準化工作，奠定了信息全程共用的基礎。

　　(4)體現了寶供集團作為第三方物流企業的管理思想，以訂單為驅動，實現了跨部門、跨地區的一體化業務流程管理，延續了寶供集團為客戶提供一體化物流方案的服務模式。

　　(5)全面訂單管理系統的實施將獲得以下兩方面的效益。

　　①無論在訂單處理速度、業務管理監控點、訂單跟蹤服務，還是業務處理自動化程度等方面都有明顯提高。

　　②提高企業營業收入。

表 1-8-1　企業業務流程改造的內容

內　容	具體要求
改造業務流程	在訂單的接收、調度、發運、跟蹤、結算等各環節進行優化流程設計和高效管理，然後在供應鏈的上下游環節，例如，倉儲、運輸和供應鏈的延伸環節，以及市場開發和財務管理方面進行相應的流程改造。
調整組織管理機構	按流程改造的要求組織相應部門，設置有關崗位和考核標準，使業務流程改造獲得基本的保證。

表 1-8-2　訂單管理能力提升計劃表

步　驟	說　明
第一步	分析企業的生產訂單管理體系。
第二步	發現訂單管理體系實施過程中出現的問題。
第三步	制訂改善措施，擬訂修訂計劃。
第四步	與有關部門討論並組織實施。
第五步	實施後定期檢查，並逐步改進和完善。

第 **2** 章

制定生產計劃

第一節　產能與負荷分析

1. 分析內容

生產能力與負荷分析的內容可以用以下幾個問題來概括：

⑴我們要生產那些產品？生產進度是怎樣的？生產期限是多久？

⑵生產這些產品需要那些材料？每種材料需要多少（按定額和合理損耗來推算）？如何保證這些材料供應？

⑶生產這些產品對技術有什麼要求？目前技術力量能否滿足需要？如果不能，如何解決？

⑷生產這些產品需要使用那些設備？需要多少設備？

⑸生產這些產品需要多少人力？現有多少人力？這些人力夠不夠？如果不夠，差多少？怎樣解決差的這部份人力？是重新組織，還是補充？

2.制定產能與負荷分析管制表

生管部可將各工作中心每時段(一般為月次或週次)的產能與負荷分別換算成相同的可比單位,如時間或產量(一般用時間來衡量),填入「產能與負荷分析管制表」中,以比較分析製造能力與生產任務之間可否平衡。「產能與負荷分析管制表」,一般應包括以下內容:

(1)工作中心的名稱、編號。

(2)分析評估期間(一般為一個月或一週)。

(3)產能狀況,含正常上班及加班,一般包括可稼動天數、可出勤人數、可稼動設備數、每日班次、產能係數及產能時間等項目。

(4)負荷狀況,含生產批號、生產產品、生產預定量、標準工時、負荷工時等項目。

(5)分析結論及對策。

凡是必須連續作業的相連的不同設備,應將其整體視為一個工作中心。

凡是工作性質相同,且規格類似或相同的各不同個別設備(如注塑機),其生產批作業可互相替換的,應視為同一工作中心。

凡是工作性質相同的班組(人員),應視為同一工作中心,不另依熟練度或更細工序再劃分為不同的工作中心。

3.產能預分析

(1)月份產能預估分析。

每月固定某日(一般是每月的24日或25日)前,生管部依各工作中心分別填寫產能狀況。

正常產能,指該月依公司規定正常上班的總時間內的產能狀況,依次填入可稼動天數、可出勤人數、可稼動設備數、每日班次。再計算設備產能時間、人力產能時間。

計算公式為：

$$設備產能時間＝每日正常上班時間×每日班次\\×可稼動天數×可稼動設備數$$

$$人力產能時間＝每日正常上班時間×每日班次\\×可稼動天數×每班人數$$

(2)週次產能預估分析。

每週末，由生管部依各工作中心分別填寫下週產能狀況。填寫方法參照月份產能預估分析。

4.負荷預估分析

(1)月份負荷預估分析。

每月固定某日（一般是每月的24日或25日）前，生管部將業務部轉發的訂單狀況，轉換成生產訂單，並編上生產批號，同時加上預估陸續補入的訂單狀況，依各工作中心分別填寫負荷狀況。

具體填入生產批號（預估計單可不填寫批號）、生產產品、生產預定量標準工時。再計算負荷工時，其公式為：

$$負荷工時＝生產預定量×標準工時$$

(2)週次負荷預估分析。

每週末，由生管部依各工作中心分別填寫下週負荷狀況。填寫方法參照月份負荷預估分析。

5.分析結論及對策

具體見下表2-1-1。

表2-1-1　分析結論及應對措施

分析結論	應對措施
當產能大於負荷時	1.要求業務部門追加訂單。 2.將下月(週)的訂單提前。 3.安排富餘人員或設備支援其他工作中心。 4.安排富餘設備保養及人員教育培訓。 5.安排調休，減少加班。 6.必要時評估設備變賣、轉移，人員裁減、辭退。
當產能小於負荷時	1.向其他工作中心請求設備、人員支援。 2.不足工作量由委外加工彌補。 3.必要時增購設備，增加人員。 4.延長加班時間。 5.必要時與業務部門協調將部份訂單延遲或取消。

🔊 第二節　生產計劃預測的方法

一、生產需求預測的 4 種方法

　　企業在制定生產計劃、進行生產前，必須對未來的生產需求做一個預測，預測可能需要的人力、設備、物料、技術、方法、場地、環境等。人們常說的「有備無患」就是這麼回事。生產主管由於置身生產一線，具有多年的從業經驗，對生產需求比較敏感，應當扮演預測

小組中的主要角色。

　　企業如何進行生產需求預測呢？下面介紹幾種簡單的生產需求預測的方法。

1.德爾菲法

　　德爾菲法是以預先選定的專家作為徵詢意見的對象，預測小組以匿名的方式給各位專家發放調查問卷，函詢徵求專家的意見。然後將收集的專家意見匯總整理，在參考回饋意見的基礎上，預測小組重新設計出新的調查問卷，再對每名專家進行調查，專家可以根據多次回饋的信息做出判斷。如此多次反覆，專家的意見逐步趨於一致，即得出預測結果。在使用德爾菲法時，需要注意：

　　⑴函詢問題要集中；

　　⑵不能將預測小組的意見強加於專家；

　　⑶德爾菲法適用於長期趨勢和對新產品的預測；

　　⑷常用於採集數據成本太高或不便於進行技術分析的情況。

2.客戶調查法

　　客戶調查法是通過信函、電話或訪問的方式對現實的或潛在的客戶購買意圖進行調查，得到需求的預測結果。這種方法一般用於對新產品或缺乏銷售記錄的產品需求進行預測。

3.部門主管討論法

　　部門主管討論法是一些中高層管理人員聚集在一起進行集體討論，對產品需求做出預測。這種方法常用於制定長期規劃和開發新產品預測。

4.銷售人員集中法

　　銷售人員集中法是根據每名銷售人員對需求預測的情況進行綜合得出的預測結果。另外，企業也可根據生產的實際，採用回歸預測

法、加權移動平均、指數平滑法等定量分析方法。

　　企業在進行生產需求預測時，一定要結合企業的實際，同時要從成本的角度去考慮，盡可能優先選用花盡可能少的錢、但能取得盡可能好的效果的方法。

二、制定生產計劃的 4 個指標

　　生產企業的生產計劃工作主要包括核定企業的生產能力，確定目標，制定策略，選擇計劃方法，正確制定生產計劃、庫存計劃、生產進度計劃和計劃工作程序，以及計劃的實施與控制工作等。這構成了企業的生產計劃體系。

　　要制定生產計劃，可以用以下幾個主要指標從不同的側面反映企業生產產品的要求。

1. 品種指標

　　產品品種指標主要指企業在計劃期內生產的產品名稱、規格等值的規定性，企業在計劃期內生產的不同品種、規格產品的數量。

　　產品品種指標能夠在一定程度上反映企業適應市場的能力。一般來說，產品品種越多越能滿足不同的需求，但過多的產品品種會分散企業生產能力，難以形成規模優勢。因此，企業應綜合考慮，合理確定產品品種，加快產品的更新換代，努力開發新產品。

2. 品質指標

　　產品品質指標是指企業在計劃期內生產的產品應該達到的品質標準，包括內在品質與外在品質兩個方面。內在品質是指產品的性能、使用壽命、工作精度、安全性、可靠性和可維修性等因素；外在品質是指產品的顏色、式樣、包裝等因素。

產品品質指標是衡量一家企業的產品是否能滿足社會需要的重要標誌，是企業贏得市場競爭的關鍵因素。

某機電公司為了充分贏得市場，對產品的品質提出較高的要求，給出了較高的品質指標。

在實際工作中，公司從人、機、料、法、環、測等方面入手，對可能影響產品品質的所有因素進行「三控」（即產品生產前條件評審的事前控制，生產過程中實施技術監督的事中控制和產品生產結束後進行檢驗的事後控制），對產品生產過程中涉及的所有過程、環節嚴密監控，使重點產品的各項品質指標穩步提高。

最終的結果令人驚喜，某重點產品的 23 項良品率指標全面完成，其中該重點產品某部件機加良品率計劃為 94%，實際為 98.68%，比計劃提高 4.68%。

3.產量指標

產品產量指標是指企業在計劃期內應當生產的合格產品數量。

產品產量指標是表明企業生產成果的一個重要指標，它直接來源於企業的銷售量指標，也是企業制定其他物量指標和消耗量指標的重要依據。

4.產值指標

產品產值指標是指用貨幣形式表示企業生產產品的數量，主要有產品產值、總產值和淨產值三種表現形式。

⑴產品產值是指企業在計劃期內生產的可供銷售的產品的價值，主要包括用自備原材料生產的可供銷售的成品和半成品的價值，用訂貨者來料生產的產品的加工價值，對外完成的工業性勞務價值。

⑵總產值是指用貨幣表現的企業在計劃期內應該完成的產品總量，是計算企業生產發展速度和工作生產率的依據。它反映企業在計

劃期內生產的總規模和總水準，包括產品產值，訂貨者來料的價值，在製品、半成品、自製工具的期末期初差額價值。

(3)淨產值是指表明企業在計劃期內新創造的價值。在企業確定了自己的生產能力、生產目標後，就會制定相應的生產策略，選擇合適的生產方法，進而制定翔實的生產計劃。

第三節　生產計劃的綜合平衡

生產計劃是建立在綜合平衡基礎上的，市場需求與企業生產能力間的平衡，企業內部各種資源的平衡。企業力求計劃期內市場需求與生產能力以及企業內部生產要素達到大致的平衡。如果存在差距與瓶頸，則生產計劃將受制於瓶頸的約束，影響企業的效益。

如果市場需求與企業的生產能力一致，企業便可充分開動生產能力去滿足市場需求，從中獲得理想的收益。可惜實際情況常常並非如此，尤其是市場需求的波動經常造成需求與能力的差別。計劃工作的目標之一，就是力求兩者達到大致平衡，努力降低生產成本，增加收益。

市場需求與生產能力的平衡，可以從調節市場需求與調節生產能力兩方面入手。應用調節需求與能力的方法都要付出額外的成本，如促銷降價會減少邊際利潤，延遲交貨可能帶來銷售損失，解聘職工和設備租賃要付出代價，加班加點會增加薪資支出，存貨增加了倉儲費用和資金佔用成本，臨時外協引發高昂成本與品質風險等。因此，在選用這些方法時，要權衡由此引發的收益與成本，擇優決策。

由於調節需求的方法大多屬於行銷領域的措施，從編制生產計劃

的角度，則更關心調節生產能力的策略。

1. 調節市場需求

⑴定價。當需求不足時，降低價格常常能促進需求，特別是對價格彈性大的產品與服務，定價策略對需求的影響更加有效。

⑵促銷。透過廣告等促銷手段促進用戶的購買行為，從而調節需求總量。

⑶延遲交貨。將一部份需求轉移到淡季交貨，使企業可以平穩地利用其現有生產能力，其前提條件是用戶同意這樣做。

2. 調節生產能力

調節生產能力的方法，主要有：

⑴追加資源的投入或撤出部份資源。例如，企業可以根據需求的波動聘用或解聘職工，或者臨時聘用兼職人員，租賃或處理某些機械設備。

⑵調整生產時。例如，需求高峰時加班加點，需求低谷時減少開工時間，職工轉入培訓等。

⑶利用存貨平滑產出量。當需求低於生產能力時增加存貨，需求高於生產能力時動用存貨交付訂單，主要適用於製造業。

⑷外協轉包。在生產能力不能滿足需求時將部份加工任務外包，待需求減少時再恢復自行加工。

第四節　生產計劃的產能分析辦法

第一章　總則

第一條　目的。

為規範產能與負荷分析程序，確保產能與負荷分析準確，並使生產計劃編制合理、可靠，根據公司相關制度，特制定本辦法。

第二條　適用範圍。

本辦法適用於生產能力和工作負荷分析工作。

第二章　產能與負荷分析準備

第三條　方法準備。

產能與負荷分析實施前，需要有高級生產管理人員或外部專家幫助確定分析方法、分析工具以及分析流程等項目。

第四條　資料準備。

從事產能與負荷分析的工作人員需要事先收集以下幾項資料信息：

1. 產能相關數據資料，包括設備信息、人力信息和物料信息等。

2. 以往生產數據，包括工時數據、班次數據、加班數據和日產量數據等。

3. 生產管理人員需要將各類生產數據的單位、規格統一，以便於匯總與核算。

第五條　作業區域劃分準備。

為了便於產能與負荷分析計算工作的開展，需要對整個生產作業區域根據功能進行分區管理，並賦予相應的編號。

1. 必須連續作業，且需不同設備相連接的，可作為一個共同的功

能區。

2.工作性質相同,且規格類似,其生產作業可以互相替換者,可作為一個共同的功能區。

3.工作性質相同的班組(人員),可作為一個共同的功能區。

第六條　產能與負荷分析表格設計。

生產管理人員在實施產能與負荷分析前,需要設計產能負荷分析表,該表應包括但不限於以下幾個項目:

1.生產單位名稱、編號。

2.產能與負荷分析週期、時間。

3.設備產能時間、設備可移動天數等。

4.人力產能時間、可加班天數等。

5.負荷狀況,含生產批號、生產產品、生產預訂量、標準工時和負荷工時等項目。

第三章　　產能分析

第七條　產能分析包括月產能分析和週產能分析兩種。

第八條　月產能分析實施程序包括如下幾個步驟:

1.每月 25 日前,生產部負責統計各生產單位的產能數據,並逐項填入產能負荷分析表。

2.正常產能,指該月份依公司規定正常上班的總時間內的產能狀況。

3.設備產能時間的計算,設備產能時間＝每日正常上班時間×每日班次×可移動天數×可移動設備數。

4.人力產能時間的計算,人力產能時間＝每日正常上班時間×每日班次×可移動天數×每班人數。

第九條　週產能數據由生產部在每週末填寫。

第四章　負荷分析

第十條　月負荷分析實施程序包括如下幾個步驟：

1. 每月 25 日前，生產部負責將當月由銷售部報送的銷售訂單轉換成生產訂單，並進行匯總、編號，同時，對未來一個月可能出現的臨時生產訂單量進行預測。

2. 根據統計結果，預測未來一個月的產品產量、標準工時。

3. 負荷工時的計算，負荷工時＝預測產量×標準工時。

4. 合計負荷工時，為各批次負荷工時之和。

第十一條　週負荷分析由生產部在每週末填寫。

第五章　產能與負荷分析結果應用

第十二條　產能大於負荷時，可採取以下措施：

1. 將下一月或週的生產訂單提前，但必須控制庫存量。

2. 減少加班，增加輪休。

3. 安排人員培訓以及設備保養、檢修等工作。

第十三條　產能小於負荷時，可採取以下措施：

1. 向其他生產單位請求支援或外包部份訂單。

2. 適當增加人力或設備。

3. 適當增加加班量，減少休假或培訓。

4. 與銷售部協調，適當延遲出貨時間。

第六章　附則

第十四條　本辦法由生產部負責制定、解釋及修改。

第十五條　本辦法經總經理批准後生效。

第五節　生產總量預測方案

(一)明確預測實施人員

預測實施人員主要包括生產總監、生產部經理、生產計劃主管、生產計劃員及相關部門的負責人。

1. 生產總監

對生產部做出的生產總量預測結果、生產總量預測報告及產量計劃進行審核後提交總經理審批。

2. 生產部經理

生產部經理負責指導生產計劃主管開展生產總量預測工作，並對生產總量預測結果進行審核，提出預測結果的調整意見。

3. 生產計劃主管

生產計劃主管負責生產總量的具體預測實施工作，包括收集資料、找出影響本工廠產品需求的相關因素、選擇預測方法及預測結果修正，並編制產量計劃等。

4. 相關部門負責人

(1)銷售部負責人匯總本計劃期已確認的訂單信息，擬訂本計劃期間的銷售計劃，並把計劃期已確認的訂單信息和銷售計劃傳送一份給生產計劃主管。

(2)倉儲部負責人負責匯總庫存信息，並傳送一份給生產計劃主管。

(3)市場部負責人負責根據過去的銷售記錄、本廠的市場佔有率、對未來市場需求預測及產品銷售預測編制《產品銷售預測報告》，並送交一份給生產計劃主管。

(二)進行生產總量預測分析

生產計劃主管在做出預測之前，需要對以下三個方面進行分析。

1. 分析已確認的訂單信息和銷售計劃。

2. 分析工廠本計劃期的庫存計劃。

3. 分析影響本廠產品需求的相關因素。

(1)消費者的偏好。在不同的時間段，消費者有不同的偏好，同一消費者在不同的時間段也存在不同的偏好。

(2)消費者的收入水準。當其他情況不變時，消費者的收入水準越高，對本工廠生產的需求越多。

(3)本工廠生產產品的銷售價格。在其他情況不變的條件下，產品本身的價格與其需求量之間存在相當穩定的負相關關係，即兩者之間存在反向變動關係。

(4)相關產品的銷售價格。產品之間存在兩種關係：一種為互補關係，另一種為替代關係。

①互補關係是指兩種產品共同滿足消費者的同一種慾望。兩種互補產品之間，一種產品的需求與另一種產品的價格呈反向變動。

②替代關係是指兩種產品可以相互代替來滿足同一種慾望，兩種替代產品之間的價格與需求呈同向變動。

(三)生產總量預測實施

1. 選擇預測方法

2. 預測結果調整

(1)預測結果調整依據。預測結果主要依據生產部經理、銷售部經理及倉儲部經理等的調整意見進行調整。

(2)調整幅度。調整幅度的大小由生產部、銷售部及倉儲部經理協

商決定，生產計劃主管根據調整後的預測結果編制工廠的產量計劃，並提交生產部經理和生產總監審核後，交總經理審批。

第六節　生產計劃的類型

一般來說，生產企業在制定生產計劃時都會考慮兩種類型：

(1)綜合生產計劃。綜合生產計劃是企業根據市場需求和資源條件對未來較長時間內產出量、人力規模和庫存水準等問題做出的決策、規劃和初步安排。綜合生產計劃一般是按年度來編制的，又稱為年度生產計劃。

綜合生產計劃與主生產計劃的比較如表 2-6-1 所示。

(2)主生產計劃。主生產計劃是在綜合生產計劃的基礎上制定的運作計劃，把綜合生產計劃具體化為可操作的實施計劃。

綜合生產計劃的編制可以採用經驗法、試演算法、線性規劃法和電腦仿真法等。主生產計劃的編制一般採用試演算法，先編制一個初步計劃方案，看是否符合綜合生產計劃與資源約束條件的要求；若不滿足，再進行調整，直到合適為止。因此，主生產計劃的制定過程是一個反覆測算的過程。

主生產計劃在生產計劃中扮演著重要角色，如圖 2-6-1 所示。在進行主生產計劃時，需考慮可能不均衡的市場需求和企業關鍵資源的能力負荷情況，通過人工干預、均衡安排，從而得到一份既可滿足市場總量需求，又能相對穩定、均衡的計劃。主生產計劃的穩定和均衡，可保證物料需求計劃的穩定和勻稱。

表 2-6-1　綜合生產計劃與主生產計劃的比較

名稱	目的	目標	任務	編制要點
綜合生產計劃	確定生產指標，編制出年度生產計劃表	1. 成本最小、利潤最大 2. 最大限度地滿足客戶要求 3. 最小的庫存費用 4. 生產速度的穩定性 5. 人員水準變動最小 6. 能充分利用設施、設備	對計劃期內應當生產的產品品種、品量、品質、產值和出產期等指標做出總體安排	1. 確定計劃期內的市場需求 2. 在預期生產能力約束下，考慮生產系統其他約束，擬訂初步計劃方案 3. 比較不同計劃方案的成本，選擇一個成本最低的計劃方案
主生產計劃	獲得為實施該計劃所需的資源	確定企業生產的最終產品的出產數量和出產時間	把綜合生產計劃具體化為可操作的實施計劃	1. 主生產計劃所確定的生產量必須等於綜合生產計劃確定的生產總量 2. 主生產計劃中規定的出產數量可以是總需求量，也可以是淨需求量 3. 主生產計劃中應當反映出客戶訂貨與企業需求預測的數量和時間要求等信息 4. 主生產計劃的計劃期一定要比最長的產品生產週期長 5. 主生產計劃在決定生產數量和生產時間時，必須考慮資源的約束條件

　　註：最終產品是指企業最終完成，具有獨立需求特徵的整機或零件，它可以是直接用於消費的產成品，也可是作為其他企業的部件或零件。

圖 2-6-1　主生產計劃的重要作用

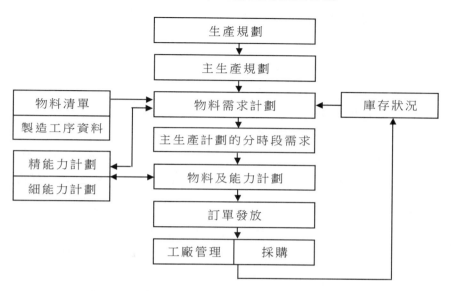

生產作業計劃是生產計劃的具體執行計劃。它是把企業全年的生產任務具體分配到各工廠、工段、班組以致每個工作場所和員工，規定其在月、旬、週、日以致輪班和小時內的具體生產任務，從而保證按品種、品質、數量、期限和成本完成企業的生產任務。具體表現在以下幾個方面。

1. 編制企業各層次的生產作業計劃

生產作業計劃包括產品進度計劃、零件進度計劃和工廠日程計劃。要把企業全年分季的產品生產計劃，分解為廠級和工廠的產品與零、部件月計劃，用零、部件生產作業計劃作為執行性計劃，並做出工廠日程計劃，把生產任務落實到工廠、工段和班組，落實到每台機床和每名操作人員。

2.編制生產準備計劃

生產準備計劃包括原材料和外協件供應、設備維修、工具準備、技術文件準備、勞動力調配等內容。

3.生產負荷率核算及生產任務、生產能力間的平衡

這裏的平衡與各項任務在設備上加工的先後順序直接相關,與工廠日程計劃直接相關。

4.制定或修改期量標準

期量標準是指為生產對象(產品、部件、零件)在生產過程中的運動所規定的生產期限(時間)和生產數量的標準。不同生產類型的期量標準不同,具體表現如表 2-6-2 所示。

表 2-6-2　不同生產類型的期量標準

生產類型	特點	期量標準
大批量生產	產品的品種少而產量大	節拍、流水線工作指示圖表、在製品定額
成批生產	產品品種較多,而各種產品的產量大小不一	批量、生產間隔期、生產週期、在製品定額、提前期、交接期
單件小批量生產	產品品種多,每種產品的數量很少,而且不重覆或很少重覆生產,主要是根據客戶需要,按訂貨合約組織生產	生產週期、提前期

5.日常生產派工

日常生產派工是指在生產作業準備做好後,根據安排好的作業順序和進度,將生產作業任務分解到各個員工的過程。

第七節 戰略性生產計劃的制訂

一、生產計劃的類型和指標構成

生產計劃按計劃期長短分為短期生產計劃、中期生產計劃和長期生產計劃，如表 2-7-1 所示。

表 2-7-1 生產計劃的三種類型

類　　型	說　　明
短期生產計劃	又稱生產作業計劃，其依據客戶訂單，安排生產活動，使每一個細節緊密銜接，確保按客戶要求的品質、數量和交貨期交貨。
中期生產計劃	屬於戰術性計劃，通常稱為生產計劃或年度生產計劃，其根據市場需求預測，統籌安排企業的年度生產任務。
長期生產計劃	屬於戰略性計劃，根據企業的發展需求，確立競爭決策，包括產品發展方向、生產發展規模、技術發展水準、新生產設施建設等內容。

戰略性生產計劃必須建立優化的指標體系，包括產品品種、產量、品質和產值等指標，如圖 2-7-1 所示。

圖 2-7-1 戰略性生產計劃的指標體系

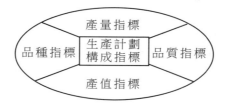

1.品種指標

產品品種是指企業在計劃期內生產產品的品名、型號、規格和種類數。品種指標在一定程度上反映了企業的市場適應能力、專業化水準和生產管理水準。一般來說，企業生產的品種越多，越能滿足不同的需求，但過多的品種可能分散企業的生產能力，難以形成規模優勢。其評估指標公式如下。

$$品種計劃完成率 = \frac{報告期完成計劃產量的品種數}{報告期計劃品種數} \times 100\%$$

2.品質指標

產品品質指標是指企業在計劃期內生產的產品應該達到的品質標準。

品質標準分為內在品質與外在品質兩方面。

⑴內在品質。包括產品的性能、使用壽命、工作精度、安全性、可靠性和可維修性。

⑵外在品質。包括產品的顏色、式樣和包裝。

產品品質指標分為以下兩種類型。

⑴反映產品本身內在品質的指標，例如，產品平均技術性能等。

⑵反映產品生產過程中工作品質的指標，例如，品質損失率、廢品率、成品返修率等。

3.產值指標

產品產值指標是指用貨幣表示的產量指標，能夠綜合反映企業生產經營活動的成果。產值指標包括總產值、商品產值與增加值三種，如表 2-7-2 所示。

表 2-7-2　產值指標的分類

具體指標	說　　明	構　　成
總產值	企業在計劃期內完成的生產活動總成果的價值,是計算生產率、產值利潤率等指標的依據,一般按照不變價格計算。	包括全部商品產值,來料加工的來料價值和對外承接工業性勞務對象價值,企業自製半成品、在製品、自製設備的期末與期初結存量差額的價值和已構成固定資產並轉入財務賬目的企業自製設備的價值。
商品產值	企業在計劃期內生產的可供銷售的工業產品(或工業勞務)價值,一般按照現行價格計算。	包括企業利用自備材料生產的成品的價值,利用訂貨者的來料生產的成品的加工價值,完成承接的工業性作業價值。
增加值	企業在計劃期內從事生產經營活動新創造的價值,一般按照現行價格計算。	按照生產法計算,工業增加值＝工業總產出－工業中間投入;按照收入法計算,工業增加值＝固定資產折舊＋勞動報酬＋生產稅淨額＋營業盈虧。

4.產量指標

　　產品產量指標是指企業在一定時期內生產的,並符合產品品質要求的實物數量,常用實物指標或假定實物指標表示,例如,千瓦/時、噸等。產量指標是制訂和檢查產量完成情況,分析各種產品之間比例關係,進行產品平衡分配,計算實物量生產指數的依據。其評估指標公式如下:

$$產量計劃完成率 = \frac{報告期實際完成產量}{報告期計劃產量} \times 100\%$$

二、戰略性生產計劃的制訂策略

戰略性生產計劃的制訂策略包括平準化生產策略、混合策略、配合需求策略和外包策略四種，如表 2-7-3 所示。

表 2-7-3　戰略性生產計劃制訂的四種策略

策略類型	概　念	特　徵
平準化生產策略	以平均需求量為生產依據，追求平穩的生產速率，強調效率與產能使用率，視庫存為產能的儲存，以調節需求量的波動。	需求量小的時期累積存貨，增加持貨成本，能夠降低產能變動衍生成本，例如，閒置產能成本等。
混合策略	尋求相關成本最低化，並符合營運計劃所制訂的行銷與財務目標。	靈活組合配合需求策略、平準化生產策略和外包策略。
配合需求策略	以需求量為生產依據。	企業擁有足夠的產能應付需求，降低庫存持有成本；要求企業具有彈性的生產能力。
外包策略	以需求量最小期間的需求量為生產依據，超出部份採用委託外包的方式。	避免閒置產能及產能變動成本，可能增加採購成本，例如，材料、運輸、核對總和採購等成本。

三、不同類型生產計劃的分析

根據企業的生產要求選擇恰當的生產計劃的制訂策略後，應開始進行具體分析，瞭解不同類型生產計劃的差異，確定企業在不同生產階段的不同生產計劃內容，保證計劃的戰略性。

短期生產計劃的計劃期一般為 1 年以下，中期生產計劃的計劃期

一般為 1～2 年，是企業規劃與決策的重點，與員工、產業和存貨的一般水準有關，而長期生產計劃的計劃期一般為 5 年以上，風險比較大。

1. 短期生產計劃

短期生產計劃的任務主要是依據客戶的訂單，合理安排生產活動的每一個細節，使之緊密銜接，確保按質、按量、按期交貨，例如，生產調度、訂貨、工作排程等。

短期計劃關係到每天或每週的生產調度情況，為消除計劃產量與實際產量的矛盾，短期計劃需做相應調整，包括超時工作、人員調動或替代性生產程序規劃等。

2. 中期生產計劃

中期計劃是將已知的或預測的市場需求細化為企業的品種、品質、數量和進度等生產指標和生產任務計劃，並充分利用企業現有資源和生產能力，均衡地組織生產活動和合理地控制庫存水準，滿足市場需求，從而獲取利潤。

中期計劃須隨著員工人數、新工具、生產設備以及轉包合約的簽訂等情況的改變隨時進行調整，例如產銷計劃等。

3. 長期生產計劃

長期生產計劃涉及的生產性資源需要較長一段時間才能獲得，例如，廠房、建築物、設備、物料設施等。基於長遠利益的考慮，企業必須制訂一個長期生產計劃，進行產品決策、生產能力決策以及確立何種競爭優勢的決策。例如，新產品的研發、逐步退出無前景行業等。

長期計劃對企業遠期利益至關重要，但需要承擔很大的風險，必須進行週密考慮，且需要企業高層管理者的參與和批准。

三種生產計劃各有不同的特點，如表 2-7-4 所示。

表 2-7-4　三種生產計劃的比較表

分類 特點	長期生產計劃	中期生產計劃	短期生產計劃
計劃期	長期(≥5年)	中期(1～2年)	短期(≤1年)
計劃層 總任務	制訂總體目標及獲取資源	有效利用資源，滿足市場需要	適當配置生產能力，執行生產計劃
計劃的 時間單位	粗(年)	中(月，季)	細(工作日、班次、小時)
詳細程度	高度綜合	綜合	具體、詳細
管理層次	企業高層領導	中層、部門領導	底層、工廠領導
空間範圍	企業	工廠	工廠、工段
不確定性 程度	高	由	低
特點	涉及資源獲取	資源利用	日常活動處理
需要處理 的問題	(1)產品線 (2)工廠規模 (3)設備選擇 (4)生產與庫存管理 (5)生產系統的選擇	(1)工廠工作時間 (2)勞動力數量 (3)庫存水準 (4)外包量 (5)生產速率	(1)產品品種、數量 (2)生產順序 (3)生產時間 (4)生產場地 (5)物料庫存的控制方式

四、生產計劃的評估和審核

　　確定一個生產計劃是否具有戰略性，需要及時評估和審核計劃實施後的效果。評估生產計劃主要應依據以下原則。

1. 項目關鍵性

　　生產計劃中的項目應對生產能力、財務指標或關鍵材料有重大影響，即對生產和裝配過程起重大影響的項目，以及對企業經濟效益最

關鍵的項目，例如，製造費用高，含有貴重部件和原材料的生產技術的部件等。

2.項目具體性

計劃中列出的可構造項目要具體，不是一些項目組或計劃清單項目，例如，產品可分解成可識別的零件或元件等。

3.項目最少化

有效的生產計劃需要根據特定的製造環境和產品結構編制而成，使產品在製造和裝配過程中，部件類型數目最少，便於預測和管理。

4.項目的全面性、代表性

生產計劃的項目要全面代表企業的產品，高度覆蓋物料需求計劃中的內容，反映製造設施，特別是瓶頸資源或關鍵能力的信息。

5.估量性

生產計劃要考慮不確定性因素和可能消耗的時間。

6.穩定性

生產計劃必須在有效的期限內保持穩定，執行者不得按照主觀意願隨意改動，以免破壞正常的優先順序計劃，削弱系統的計劃能力。

評估一個生產計劃是否具有價值，必須對以下六個方面進行審核。

⑴是否制訂了生產計劃？生產計劃制訂的依據是什麼？有那類生產計劃？

⑵如何監控生產計劃的執行情況？不能完成生產計劃時，有那些應急措施？

⑶是否有經常性的臨時插單？這些臨時插單如何處理？

⑷有無生產庫存品，為什麼有不按訂單生產的情況？為什麼要生

產庫存品？

　⑸是否有根據產能、工時制訂的生產計劃？

　⑹目前生產計劃的完成率是多少？造成生產計劃不能完成的原因有那些？有改進的措施嗎？

◀)) 第八節　（案例）信息化生產計劃管理系統

　　海爾的 e 製造是根據訂單進行的大批量定制，ERP 系統每天準確、自動地生成向生產線配送物料的物料清單（BOM），通過無線掃描、紅外傳輸等現代物流技術的支援，實現定時、定量、定點配送。海爾獨創的過站式物流，實現了從大批量生產到大批量定制的轉化。

　　實現 e 製造需要柔性製造系統。在滿足客戶個性化需求的過程中，海爾採用電腦輔助設計與製造（CAD/CAM），建立電腦集成製造系統（CIMS）。在開發決策支援系統（DSS）的基礎上，通過人機對話實施計劃與控制，從物料資源規劃（MRP）發展到製造資源規劃（MRP-Ⅱ）和企業資源規劃（ERP）。這些新的生產方式把信息技術革命和管理的進步融為一體。

　　現在，海爾在全集團範圍內已經實施電腦集成製造系統，生產線可以實現不同型號產品的混流生產。為了使生產線生產模式更加靈活，海爾有針對性地開發了 EOS 商務系統、ERP 系統、JIT 三定配送系統等。由於採用 FIMS 柔性製造系統，海爾不僅實現了單台電腦客戶定制，而且實現了 36 小時快速交貨。

　　海爾集團成功地應用電子商務系統，進行生產計劃管理，縮短了海爾與終端消費者的距離，為海爾贏得了回應市場的速度。

　　通過三個 JIT 實施信息化管理，按照電腦系統的採購計劃，需要多少，採購多少。各種零件暫時存放在海爾立體庫，由電腦進行配套，把配置好的零件直接送到生產線。海爾部門之間生產計劃運作流程，如圖 2-8-1 所示。

圖 2-8-1　海爾部門之間生產計劃動作流程圖

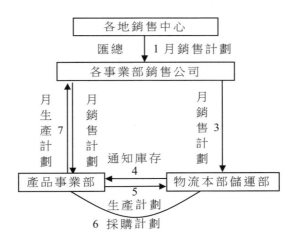

　　面對日趨激烈的市場競爭，企業必須以最快的速度滿足終端消費者多樣化的需求。因此，建立一套對市場快速回應的系統是必不可少的。具體做法如表 2-8-1 所示。

表 2-8-1　快速回應市場系統的設計思路

設計思路	目　　　的
建立網上訂單管理平台	採購訂單均由網上發出，在網上查詢庫存，根據訂單和庫存情況及時補貨。
建立網上支付系統	使支付準確率和及時率達到 100%，節約時間成本。
建立網上招標競價平台	與供應商一起面對終端消費者，以最快的速度、最好的品質、最低的價格採購原材料，提高採購的及時性，降低採購成本。
建立信息交流平台	與供應商、銷售商共用信息，保證商流、物流、資金流的順暢。

心得欄 ------------------------------

第 3 章

生產日程安排

第一節　批量生產日程安排

1.含義界定

批量生產日程安排是指在批量生產條件下某一批產品投產前進行的生產時間安排，用以規定產品生產開工、完工的時間及其他相關要求。

2.實施目的

⑴為了合理安排生產進度，保證產品交貨時間。

⑵確保外購材料、零件、工具及時滿足生產需要。

⑶預知本工廠的生產瓶頸及料件的短缺並加以解決。

⑷使全工廠生產負荷平衡、生產線平衡、生產能力最大、成本降低。

3.適用範圍

本方案適用於本工廠所有批量生產日程的安排。

4.影響批量生產日程安排穩定的因素

影響批量生產日程安排穩定的因素可分為八方面，如下表。

表 3-1-1　影響批量生產日程安排穩定因素一覽表

影響因素	相關說明
訂單狀況	多種少量且交期短的訂單，生產日程安排比較困難，日程安排的穩定性較小；產品種類少批量大而交期長的訂單，製造日程安排較易，穩定性較大
生產線平衡狀況	生產線平衡，生產順利，生產日程安排穩定性不會受影響；若生產線不平衡，造成生產瓶頸，就影響生產日程安排的穩定性
人員出勤率	若人員出勤率高，生產進度就會加快，生產日程安排的穩定性容易掌握；反之，出勤率低，生產進度就會落後，生產日程安排的穩定性較難把握
人員流動率	人員流動率的高低直接影響生產進度，導致生產日程安排穩定性隨之變化
產品技術與品質	產品技術與品質的穩定與否影響了產品的出產進度，進而影響生產日程安排的穩定性
物料庫存情況	物料庫存控制適當，斷料情況少，則生產日程安排較為穩定；若物料庫存控制不當，斷料情況不時發生，則生產日程安排的穩定性就會受到很大影響
設備故障	設備維護良好，設備故障較少發生，則生產日程安排較為穩定；若設備故障頻繁發生，就會出現停工現象，延遲生產進度，使生產日程安排較為不穩定
與供應商的協作關係	與供應商關係好，則調撥物料較容易，生產順利，生產安排的穩定性不會受到影響；若與供應商的關係不好，調撥物料就會困難，尤其是多種少批量的生產情況下，會造成缺料、停工現象的發生，從而影響生產日程安排的穩定性

5.批量生產日程安排實施

(1)批量生產日程安排的依據

①按照交期先後安排。

②按照客戶優劣安排。

③按照制程瓶頸程度大小安排。

(2)批量生產日程安排的種類

批量生產日程安排以日程計劃的長短劃分，可分為以下三種。

①大日程計劃

大日程計劃即生產日程總表，包含的基本內容有以下四個方面。

· 準備或採購物料的日程計劃。

· 設備與生產工具準備的日程計劃。

· 各種零件生產製造的日程計劃。

· 產品裝配與包裝的日程計劃。

②中日程計劃

中日程計劃即生產預定表，它是根據大日程計劃擬訂各成品或零件開工、完工的日程計劃。

③小日程計劃

小日程計劃即作業預定表，它是指制程類別、機器類別及作業員類別的日程計劃。

(3)批量生產日程安排實施程序

①確定各制程的製造時間

製造時問不等於加工時間，其為加工時間、等待時間、搬運時間與檢查時間之和。制程的製造時間主要包括以下四部份。

· 加工前機器準備所等待的時間。

· 加工時間。

· 加工後等待搬運的時間。

· 零件或製品等待搬運的時間。

②編制基準日程表

基準日程計劃是基於「在已知各種零件或製品製造時間的情況下，從交貨日期倒算出零件或製品的開工時間，以達到按時交貨的目的」而設定的。基準日程計劃設定後，其表現形式主要為基準日程表。

以本工廠的××產品生產為例來說明基準日程表，生產××產品需要四個制程，四個制程共需要 10 天時間，2010 年 3 月 11 日為預定交貨日，具體內容如下表所示。

表 3-1-2　基準日程表

作業開始日期	3 月 1 日	3 月 3 日	3 月 7 日	3 月 10 日	3 月 11 日
所需天數	2 天	4 天	3 天	1 天	
制程名稱	制程 1	制程 2	制程 3	制程 4	
次序號	4	3	2	1	0
基準日程	10 天前（開工日）	8 天前	4 天前	1 天前	基準日（完工日）

註：本工廠公休日實行輪休制，公休日也正常生產。

③安排批量生產日程

擬訂大日程計劃。大日程計劃的擬訂是以本工廠 Y 產品生產為例進行說明，根據下圖所示的三個制程預計製造時間為 12 天，2010 年 4 月 13 日為預定交貨日，制程 1 的制程時間為 5 天，制程 2 的制程時間為 3 天，制程 3 的制程時間為 4 天，2010 年 4 月 1 日應開始第一個制程的製造。

圖 3-1-1　生產日程總圖

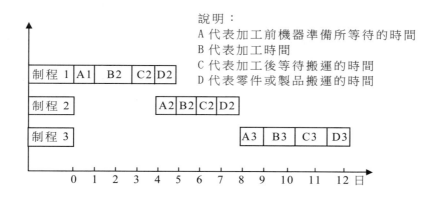

　　擬訂中日程計劃。擬訂中日程計劃是根據生產部大日程計劃，就零件別、製品別預定開工及完工時間，以下程序以 Y 產品生產為例進行分析，如下表所示。

表 3-1-3　生產預定表

制程名稱	制程開工時間	制程完工時間
制程 1	4 月 1 日	4 月 5 日
制程 2	4 月 6 日	4 月 8 日
制程 3	4 月 9 日	4 月 12 日

註：本工廠公休日實行輪休制，公休日也正常生產。

　　擬訂小日程計劃。小日程計劃是根據中日程計劃，詳細地安排每個作業員或各台機器的操作時間、每日零件或製品的數量，具體如下表 3-1-4 所示。

　　修訂批量生產日程。必要時，可修正生產日程計劃。

表 3-1-4　作業預定表

日期	作業員 工號	產品或 零件名稱	批量	規格	型號	日產量		備註
						規定產量	實際產量	

第二節　基準日程計劃編制方案

(一)基準日程界定

1. 基準日程是指為使作業能按預定日期完成，所制定的何時開工、何時進行、何時完工的一種標準，確定自訂貨到加工，最終成品形成為止所需的工作天數。

2. 基準日程計劃是指在已知各種製品或零件的製造時間的前提下，從交貨日期倒算出製品或零件的開工時間，以達成如期交貨目標的一種時間安排。

(二)編制目的

合理確定製品或零件的開工及完工日期，確保交貨日期，以滿足客戶的需求。

(三)編制要求

1.製造時間的確定除考慮加工時間外，還要考慮寬放時間。

2.應據開工與完工時間，確定機械或作業人員的工作分配。

3.不能高估寬放時間，以免使製造日程拖長、效率降低，從而影響製品的成本與市場的競爭力。

4.不能低估寬放時間，容易延遲交貨日期或者即使趕上交貨日期，過分趕工也容易降低製品的品質。

(四)編制程序

1.資料準備

⑴收集各種製品的製造時間。

⑵收集各種零件的製造時間。

2.編制基準日程表

基準日程表的具體內容應依據產品、型號、馬力等因素進行設定，主要有五個方面的內容：生產過程中需要開動的機器台數；生產所需材料的下料時間；主要任務的開始與完成時間；產品試驗的時間；產品完成與入庫的時間。

3.確定交貨期

如果是訂單生產，則交貨期由客戶決定，若是計劃生產，則依日程進行生產。

⑴為滿足客戶對交貨日期的要求，製造日程安排人員可按照客戶訂貨次序做日程安排。

⑵為維持工廠內操作度的穩定，製造日程安排人員可按照員工生產能力安排製造日程。

⑶為顧及工廠內操作度的穩定，充分發揮工廠的生產能力，滿足

客戶對交貨日期的要求，製造日程安排人員可根據各制程的寬放時間，運用基準日程表調整交貨期限和穩定操作度。

4.確定開工時間和完工時間

依據交貨期以及基準日程表推算開工和完工時間。

5.確定制程先後次序

根據各制程的加工時間以及各制程間的寬放時間，確定各工作、機械、零件或製品的先後次序。

⑴計算公式如下所示

製造時間＝加工時間＋寬放時間寬放時間

　　　　＝等待時間＋搬運時間

⑵根據對各制程期間的調查，準確把握生產實況，適時、適地、適當地修訂制程順序，應對訂貨量變動。

第三節　　期量標準制定方案

(一)目的

1.有利於保證各生產環節間的銜接，從而保證產品按期交貨。

2.有利於工廠建立正常的生產秩序和工作秩序，避免出現前鬆後緊的現象。

3.有利於合理利用人力、物力、財力提高生產效率和效益。

(二)權責劃分

1.制定部門期量標準由生產部組織制定，各工廠予以協助。

2.相關職責

(1)確定本工廠的期量標準應具有的類型。

(2)確定不同生產類型的期量標準。

(三)明確不同生產類型期量標準
1. 不同生產類型期量標準

不同生產類型和生產組織方式需不同期量標準，如下表。

表 3-3-1　不同生產類型期量標準匯總表

生產類型	期量標準
大量生產	節拍、流水線工作指示圖表、在製品佔用量
成批生產	批量、生產間隔、生產週期、在製品佔用量及提前期等

2.不同生產類型期量標準制定的關鍵因素

(1)大量生產類型期量標準。大量生產的特點是產品品種少、產量大，工作的專業化程度高。大量生產期量標準的制定與組織生產運作有關。

(2)成批生產類型期量標準。成批生產的特點是按一定時間間隔依次成批生產多種產品。如何安排產品成批輪番生產，保證有節奏地均衡生產是成批生產類型期量標準制定的關鍵。

(四)制定大量生產類型期置標準
1. 計算節拍

(1)節拍就是指每一產品或零件在各道工序上投入或出產所規定的時間間隔。

(2)節拍大小取決於有效工作時間和計劃內生產產品數量。

⑶節拍的計算公式如下所示。

計劃節拍＝計劃期流水線的有效工作時間/計劃期流水線產品產量

實際節拍＝上期流水線的有效工作時間/上期流水線產品產量

繪製流水線標準工作指示圖表

⑴流水線標準工作指示圖

流水線標準工作指示圖說明如下所示。

表 3-3-2　流水線標準工作指示圖說明表

名稱	說明	分類
流水線標準工作指示圖	表明流水線內各工作地正常條件下的具體工作制度和勞動組織方式的一種標準圖表 大量生產條件下編制生產作業計劃、進行日常生產管理不可缺少的一個期量標準	連續流水線和間斷流水線標準工作指示表

⑵連續流水線標準工作指示表

①連續流水線的工序同期化程度很高，各個工序的節拍基本等於流水線的節拍，工作地的負荷率高，不存在工人利用個別設備不工作的時間去兼管其他設備的問題。

②連續流水線的作業指示表比較簡單，只要規定每條流水線在輪班內的工作中斷次數、中斷時刻和中斷時間即可。連續流水線標準工作指示表的具體形式如下所示。

表 3-3-3　　連續流水線標準工作指示表

流水線特點	小時								一班共計		
	1	2	3	4	5	6	7	8	間斷次數	間斷時間（分鐘）	工作時間（分鐘）
簡單產品裝配					中間休息				2	10	470
複雜產品裝配					中間休息				3	30	450
機械加工					中間休息				4	60	420
焊接、熱處理					中間休息				2	30	450

(3)間斷流水線標準工作指示表

①間斷流水線工序同期化程度低，各道工序的生產效率不協調，其制定標準工作指示表的內容比較複雜，需要按事先規定的流水線看管期分別對每道工序制定工作班內的工作制度。

②工作班內的工作制度一般包括確定看管期、看管期產量、每個工作地在看管期內的工作延續時間、各工作地在看管期內工作的起止時間及流水線上生產人員的配備。

設 Q 為看管期內的產量，則看管期 T、節拍 r 和看管期內的產量 Q 應滿足的關係為：

$$Q = T/r。$$

③間斷流水線標準工作指示表的具體形式如下所示。

表 3-3-4 間斷流水線標準工作指示表

流水線名稱					工作班數	日產量(件)	節拍(分/件)	運輸批量(件)	節奏(分/件)	看管期(小時)	看管期內產量(件)
A 零件加工流水線					2	160	6	1	6	2	10
工序號	工時定額(分)	工作地號	設計負荷率(%)	員工編號	公司組織	每一個看管期內(2小時)工作指示法					看管期產量(件)
						20	40	60	80	100	120	
1	12	01	100	01	多機床看管							10
		02	100									10
2	5	03	67	02	工作完轉06號工作地							20
3	5.2	04	87	03	兼管兩道工序							20
4	5	05	83	03								20
5	8	06	33	02								5
		07	100	04								15
6	5.6	08	94	05								20
7	3	09	50	06	工作完轉10號工作地							20
8	3	10	50	07								20
9	6	11	100	07								20

3.明確在製品佔用量

在大量流水線生產條件下，生產中的在製品可分為流水線內在製品和流水線間在製品兩種。

(1)流水線內在製品佔用量

流水線內在製品佔用量又分為四種，分別為技術佔用量、週轉在製品佔用量、運輸在製品佔用量和保險在製品佔用量。

①技術佔用量。技術佔用量是指正在流水線上各個工作地進行加工、裝配或檢驗的在製品，其計算公式如下所示。

$$技術在製品佔用量 = \sum_{i=1}^{m} S_i g_i$$

其中，S_i 表示工作地數，g_i 表示第 i 道工序每個工作地同時加工的零件數，m 表示流水線包括的工序數。

②週轉在製品佔用量。週轉在製品佔用量存在於間斷流水線上，在間斷流水線上下相鄰工序生產率不等或工作起止時間不同，為了使間斷流水線上的每個工作地能夠連續完成看管期內的產量而在工序間存放的在製品。每個時間段週轉在製品佔用量最大值可用下列公式計算。

$$週轉在製品佔用量 = (T_0 \times S_1)/t_1 - (T_0 \times S_2)/t_2$$

其中：T_0 表示時間段時間長度，S_1 和 S_2 分別表示前後工作地數，t_1 和 t_2 分別表示前後工序的單件工時。

③運輸在製品佔用量。運輸在製品佔用量是指流水線處於運輸過程中或放置在運輸工具上的在製品數量。對於間斷流水線，週轉在製品佔用量能滿足運輸過程需要，可以不考慮運輸在製品佔用量問題；對於連續流水線，可以採用下列公式。

$$運輸在製品佔用量 = (流水線工序數 - 1) \times 運輸批量$$

④保險在製品佔用量。保險在製品佔用量是指為了保證流水線上

個別工作地或工序突然發生故障、出現廢品後，影響整個流水線正常生產而設置的在製品數量，其計算公式如下所示。

週轉在製品佔用量＝削除工序故障所需最短時間/工序單件時間

(2)流水線間在製品佔用量

①流水線間在製品分保險在製品與週轉在製品兩類。

②流水線間保險在製品計算方法同流水線內保險在製品佔用量計算方法一致。

③流水線間週轉在製品最大佔用量計算公式如下所示。

週轉在製品佔用量＝$T/r_{供}-T/r_{需}$

其中，T 表示節拍短(生產率高)的流水線的工作延續時間，$r_{供}$和 $r_{需}$分別表示供應和需求流水線的節拍。

(五)制定成批生產類型期量標準

1.確定批量與生產間隔期

批量是指一次投入或產出同種產品或零件的數量。生產間隔期是指相鄰兩批產品或零件投入或產出的時間間隔。確定批量和生產間隔期的基本方法主要有如下兩種。

(1)以量定期法。期量標準制定人員根據提高效果的綜合要求確定一個最初批量，然後據以計算生產間隔期，並修正最初批量，最後兩者相互配合，求得一個最經濟的數值。計算最初批量的常用方法是經濟批量法和最小批量法。

①經濟批量法。經濟批量法是全面考慮批量與調整設備以及在製品佔用保管等費用之間的關係，通過計算求得各費用之和為最小時的批量。其關係原理如圖 3-3-1 所示。

圖 3-3-1　批量與費用關係原理示意圖

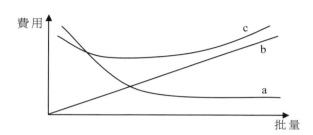

圖中 a 為設備調整費用曲線，批量越大，費用越低；b 為在製品佔用保管費用曲線，批量越大，費用越高；c 為兩者費用之和，在 a，b 相交點為最低，此時對應的 Q 點就是經濟批量。經濟批量的計算公式如下所示。

$$Q = \sqrt{\frac{2ND}{C}}$$

其中，Q 代表經濟批量；N 代表零件的年產量；D 代表每次設備的調整費用；C 代表每件產品的年平均保管費用。

②最小費用法。最小費用法是指以保證設備充分利用為主要目標的一種批量計算方法，其計算公式如下所示。

最小批量=設備調整時間/（單件技術工序時間×定額設備調整係數）

(2)以期定量法。此方法是先確定產品的生產間隔期，然後再確定批量的一種方法。

以期定量法注重簡化管理的要求，工廠中統一規定為數不多、互為倍數的幾個標準生產間隔期，當產量變動時，只需調整批量，不需調整生產間隔期。工廠中經常使用的間隔期有 1 季、2 個月、1 個月、0.5 個月、10 天、5 天、3 天、1 天等。

(3)在日平均產量已確定的情況下，批量與生產間隔期的關係可用

如下公式表示。

生產間隔期＝批量÷計劃期平均日產量

其中，計劃期平均日產量=計劃期產量÷計劃期工作日數。

2.確定生產週期

(1)生產週期是指從原料投入生產起，一直到成品出產為止的全部工作天數。

(2)確定產品的生產週期一般分為兩個階段，如下所示。

①根據產品加工的生產流程，經過深入調查研究，制定各零件的生產週期標準。

②在零件生產週期的基礎上合理考慮停工時間，確定生產週期標準。

3.明確生產提前期

生產提前期是指產品(零件)在各生產環節出產或投入的時間同成品出產相比較所需提前的時間。生產提前期分為兩種，一種是投入提前期，另一種是出產提前期。

(1)投入提前期。投入提前期是指產品或零件在各個生產環節投入的時間與成品出產時間相比較所需提前的時間。

(2)出產提前期。出產提前期是指產品或零件在各個環節的出產與成品出產相比較提前的時間。

(3)當前後工廠生產批量相等時，工廠投入提前期和出產提前期計算公式如下所示。

工廠投入提前期＝本工廠出產提前期＋本工廠生產週期

工廠出產提前期＝後工廠投入提前期＋保險期

(4)當前後工廠生產批量不等時，工廠投入提前期的計算公式和上面的第(3)部份計算公式一樣，但工廠出產提前期的計算不一樣，其計

算公式如下所示。

工廠出產提前期＝後工廠投入提前期＋（本工廠生產間隔期－後工廠生產
間隔期）

4.確定在製品佔用量

在成批生產條件下，在製品由工廠在製品和工廠之間的在製品兩部份組成。

⑴工廠在製品佔用量。工廠在製品佔用量的確定主要分兩種情況。

①在定期成批輪番生產條件下，根據生產週期、生產間隔期和批量情況，用圖表法確定在製品佔用量，如下表 3-3-5 所示。

表 3-3-5　工廠在製品佔用量的分析表

公式	生產週期 T（天）	生產間隔期 S（天）	T/S	進度			在製品平均佔用量	在製品期末佔用量
				上旬	中旬	下旬		
T＝S	5	5	1				1 批	1 批
T＞S	10	5	2				2 批	2 批
T＜S	2.5	5	0.5				0.5 批	1 批

②在不定期成批輪番生產的條件下，工廠在製品佔用量只能得到大概的數值，計算公式如下所示。

在製品定額＝生產週期×（批量÷生產間隔期）

⑵工廠之間在製品。在成批生產條件下，工廠之間在製品分成週轉在製品和保險在製品兩種。

①根據週轉在製品前工廠成品入庫和後工廠領取方式的不同而有不同的計算方法，主要有圖解法、公式法、經驗數據法，生產管理

人員可以根據實際情況進行選擇。

②保險在製品佔用量主要依據對統計資料的經驗分析確定，計算公式如下所示。

保險在製品佔用量＝前工廠可能誤期交庫日數×後工廠平均每日領用量

第四節　生產預測管理制度

第 1 章　總則

第 1 條　生產預測目的

1. 生產預測可以作為新技術引進的依據。

2. 生產預測可以提高工廠的生產管理水準。

第 2 條　生產預測依據

1. 本廠過去 3～5 年的產品銷售數據。

2. 本廠過去 3～5 年在生產能力方面的數據資料。

3. 本廠所生產產品未來 2～3 年的產品市場需求和產品銷售收入預測數據。

第 3 條　生產預測內容

生產預測的內容包括生產總量預測、物料預測、生產設備預測、產品研發預測及生產人員需求預測等。

第 2 章　選擇預測方法

第 4 條　生產預測方法包括定性預測法和定量預測法。

第 5 條　定性預測法

1. 定性預測法又稱非數量分析法，是一種直觀的預測方法，以人的主觀分析來判斷未來估計值。

2.常見的定性預測法包括：一般預測法、市場調研法、小組討論法、歷史類比法、德爾菲法等。

第 6 條　定量預測法

1.時間序列分析法

(1)時間序列分析基於與過去需求相關的歷史數據可用於預測未來的需求。歷史數據包括趨勢、季節、週期等因素。

(2)常見的時間序列分析法主要包括：簡單指數平滑法、調整長期趨勢後的指數平滑法、長期趨勢法、季節變動法、回歸分析法等。

2.因果聯繫法

(1)因果聯繫是假定生產需求與某些內在因素或週圍環境的外部因素有關。

(2)常見的因果聯繫法主要包括：回歸分析法、經濟模型法、投入產出模型法等。

第 7 條　預測方法應根據生產預測的時間跨度、獲得數據的難易程度和預測的精確度要求等進行選擇。各種預測方法選擇的依據如下表 3-4-1 所示。

第 8 條　不同預測週期考慮的因素(如使用頻度、預測內容、模型類型等)是不同的，如下表 3-4-2 所示。

表 3-4-1　預測方法選擇依據一覽表

預測方法 名稱	需要的 歷史數據	預測 週期	預測準備 時間	對預測人員 的要求
簡單指數 平滑法	3～5 個觀測值	短期	較短	不要求精通
調整長期 趨勢後的 指數平滑法	每季至少 5 個觀測值	短期到 中期	較短	對預測方法 有所掌握
長期趨勢法	10～20 個觀測值 季變動，每季 至少 5 個觀測值	短期到 中期	較短	對預測方法 有所掌握
季節變動法	至少三年內 各季、各月 完整的數據	短期到 中期	短到中等	不要求精通
因果回歸 分析法	每個引數 10 個觀測值	短期、中 期或長期	建模時間長 實施時間短	非常精通

表 3-4-2　不同預測週期需考慮因素一覽表

因素	短期預測	中期預測	長期預測
使用頻度	經常	偶爾	很少
預測內容	單個項目	產品系列	總產量
模型類型	指數平滑法 推斷法 回歸分析法	推斷法 季節變動法 回歸分析法	定性分析方法，如經 理人員的意見
涉及的管理水準	低	中等	高
每次預測的成本	低	中等	高

第 3 章　生產預測實施管理

第 9 條　生產部經理確定生產預測的目標，主要包括生產總量預測目標、物料需求預測目標、生產設備預測目標、生產人員需求預測目標及產品研發預測目標等。

第 10 條　生產計劃主管根據工廠生產預測目標確定生產預測的時間跨度，如年度預測、季預測。

第 11 條　生產計劃主管根據預測內容的不同選擇預測模型，具體模型見「不同預測週期需考慮因素一覽表」。

第 12 條　收集資料

生產計劃主管全面負責收集資料，包括收集、整理各部門上交的資料並進行統計分析，將結果運用到具體生產預測中。

1. 銷售部負責向生產計劃主管提交本計劃期內的銷售訂單情況和本計劃期工廠銷售預測報告。

2. 市場部負責向生產計劃主管提交本工廠所生產產品的市場需求預測報告及產品銷售價格預測報告。

3. 採購部負責向生產計劃主管提交本計劃期工廠所需物料的報價情況以及各種物料價格預測報告。

4. 倉儲部向生產計劃主管提交本工廠現有的庫存情況及計劃期的庫存計劃報告。

第 13 條　生產計劃主管依據相關資料對生產預測模型進行驗證，確定生產預測模型是否有效。

第 14 條　生產計劃主管利用生產預測模型進行生產預測，得出初步預測結果，提交生產部經理審核、生產總監審批。

第 15 條　生產計劃主管組織開展工廠內外部環境評定工作，相關部門予以配合。

第 16 條　生產計劃主管結合評定結果和相關部門提供的建議對預測結果進行修正，提交生產部經理審核、總監審批。

第五節　(案例)改善產銷協調機能

(一)改善前說明

本公司系一訂單式生產工廠，其訂單來源均由業務人員在市場上開發而來，由於現狀業務員有五、六個人，且因為業務與生產之協調方面，公司未訂定制度互相約定，所以這五、六位業務員為了其績效的發揮，客戶要求的交貨期均予以答應而不考慮公司內部消化能力，當其在市場上開發客戶接下訂單之後就由各人與生產單位命令生產，也就因為五、六位之訂單常碰巧有交期在同一日者，而現場製造單位之生產能力卻無法滿足他們，消化這些訂單，所以造成業務人員互相勾心鬥角，或與現場人員相處不融洽，在檢討公司營運績效時也互相在推卸責任。

其原因歸納起來，無非是公司產銷之橋樑未釐訂引導之正確制度，另外，業務人員以一空白未統一格式的報表將客戶受訂之數據登載於紙內，在登載時對於數據的完整性也較缺乏，故現場單位無法正確取得客戶受訂數據時，即將此批訂單擱下，所以造成產銷人員互相攻訐狀況，影響交期，導致客戶流失。

(二)改善經過說明

在現代組織分工越來越細化的狀況下，每個部門為求其績效的發揮，每個成員間形成競賽的方式處理公司所有事務，尤其在業務部門

這種現象更為明顯，所以往往在無意間就造成了上述異常現象，與客戶洽談後所接下來的訂單無法在客戶要求的交貨期限內完成，產與銷永遠處於對立，無法協調，為了避免這種異常再繼續發生，本公司採取下列改善對策處理：

1. 業務人員

⑴所有業務人員在每天早會時，就把昨日所接下來的訂單一一整理出來，並在會中互相協調其交貨的最後期限與其在生產線安排生產之先後順序。

⑵每位業務人員手中均握有生管單位提供之「負荷消化動態表」及與生產單位協調後所訂定之各產品別之標準產能數據，俾在與客戶洽談答覆其交期時，可藉之試算，降低交期不準之誤差率。

⑶對於業務人員與客戶洽談交期之談判技巧，公司每個月安排二、三位實地發表，以激勵業務人員之談判潛能得以發揮。

2. 生管人員

⑴依據現有作業流程，設訂每一工作站之標準作業時間及配置適當人數，並制一份各產品別之標準產能（每小時之產量或每日之產量）

⑵依據業務單位提供之訂單及協調後之交貨期限排訂各生產線各訂單之預定開始生產日期及預定完成日期，並提供業務單位作跟催或交貨用。（通常在安排上項產銷排程時，必須以正常工作時間編排，不可把星期例假日之時間也安排進去，否則碰到緊急訂單時將無法消化）

⑶在現場單位無法在排定之交貨日期完成時，應事先以業務接洽便函知會業務單位通知客戶，修正交貨日期。

⑷在排定生產排程時，將原物料之供應狀況及經濟價值（該批產量是否符合不受換規格之停機損失影響）與庫存狀況等列入考慮之項

目,以免所排定之生產排程常受上項發生之異常而變更,致現場與業務間發生種種不愉快事情。

3. 產能資料

在購置設備時應該與製造廠商索取設備之性能數據,如運轉速度,單位時間之產出值等,再依實際測試之數據,設訂各項設備之標準產能,作為安排生產計劃時與答覆客戶交期時之參考數據,否則會造成盲目接單之弊。

4. 產銷排程計劃

生管人員應依訂單之交期優先順序與設備之最佳運轉條件,安排生產線與人員從事訂單之生產工作,且通知備料部門跟催用料之交貨進度。

5. 跟催作業

⑴生管單位應依據現場之實際生產績效動態數據與計劃互相對應查核訂單之消化狀況,作為加班或增加人員,提高設備產速之因應措施等。

⑵對每日完成之產量等績效日報表應提供一份予業務單位,作為跟催之用。

(三)改善成果

由於業務單位與生產單位有居間協調之生管單位負責生產計劃之排定績效之跟催,異常作業之消除等,致交期之延遲減少,以前之紊亂現象不再發生,業務人員之間勾心鬥角的現象也化解了。

(四)改善後心得

部門間和諧與否系影響公司進步之重要因素,若部門間之處事原

則有共通之語言，規章制度導引，則全體從業人員能藉之互相協調，則異常之根源點就很容易化解。

表 3-5-1　客戶訂單生產負荷表

生產線別：				負荷消化動態表						年　　月
客戶別	訂單號碼	數量	交貨日期	日期						
				1	2	3	4			31
				500	500	500	500			
				500	1000	1000				
備註	----------預定實際 ————實際									

心得欄 _____

_ _

_ _

_ _

_ _

_ _

第 **4** 章

生產委外管理流程與制度

🔊 第一節　自製或外購決策

　　裝配過程中，各種零件不可能全部由本企業生產。其中有些零件本企業無法生產，只能外購；有些零件本企業有能力生產，但有其他企業生產或供應商可以提供這類產品，且成本、品質和送貨時間均能滿足要求，也需要外購。生產管理部門要和採購部門一同進行產品的「自製或外購」決策。

　　大型企業傳統上都傾向於縱向集成度高的方向發展，自主掌握大部份製造和裝配設施，外購項目主要是原材料。現在的發展趨勢則強調生產柔性，滿足客戶個性化需求和核心競爭優勢，這些因素都促使企業擴大外購，縱向集成度降低。外購的內容不斷擴充，不僅是原材料和零件，還包括生產配送鏈中的許多服務環節，如設備維護、人員培訓、產品設計、電腦編程、會計和合約管理等。

1. 自製或外購/外包決策

　　它是指生產過程中的某些功能包給其他企業去完成，這已超出外

購原本的含義，所以「自製或外購」決策發展成為「自製或外購／外包」決策。在 20 世紀 90 年代，企業信息系統以及 CAD、CAM 系統等項目，世界上每年外包總額達 500 億美元，並在快速增長。當然，企業要分析信息技術中那些屬於戰略性、關鍵性應由自身完成，那些可以外包。外包的另一環節是產品配送，運輸公司現在享有先進的電腦管理和跟蹤系統，可以減少運輸過程中的風險，還能靠快速、準時運送為企業謀求產品增值。「聯邦快遞」就是成功的先例，世界各地的客戶都可以透過網路查詢到該公司所發運貨物的狀況，包裝發貨的時間，已經到達或正運往那個城市，以及到貨時間等。「聯邦快遞」網可和各企業用戶聯成一體。惠普公司關閉它在溫哥華的倉庫而外包給 RL 儲運公司，該公司每週 7 天、每天 24 小時工作。惠普公司外包後，250 名僱員轉到其他崗位，倉庫管理費可節約 10%。外包有許多優點，企業得以減少庫存、材料裝卸等成本，集中發展企業的核心能力。但要求建立企業間合作規範和信用機制，否則企業容易失控，遭受風險。

2. 自製或外購／外包決策的決定因素

「自製或外購／外包」決策的複雜程度不一，簡單的涉及單個零件的影響面就大些，有些生產環節或過程外包就更複雜。然而最初的出發點總是衡量自製的成本是否小於從供應商處購買的費用。其他因素包括是否有足夠資金擴充生產能力，是否具有生產這種零件的技術能力，供應商提供零件的品質能否有保證，供應商是否會成為直接競爭對手等，都需要考慮，但首要考慮的還是成本因素。

例如，一個油井油泵製造企業生產一種新型高壓油泵，需確定該油泵由電子控制的輸入閥門是自製還是外購，幾種方案的有關數據見表。

表 4-1-1　數據表

自製方案	自製方案A	自製方案B	外購
年產量(件/年)	10000	10000	10000
年不變成本/(元/年)	100000	300000	—
每件可變成本/(元/件)	75	70	80

按生產成本分析，在產量為 10000 件的條件下各方案的年總成本為：

$C_A = 100000 + 10000 \times 75 = 850000$（元/年）

$C_B = 300000 + 10000 \times 70 = 1000000$（元/年）

$C_{購} = 0 + 10000 \times 80 = 800000$（元/年）

此時，外購方案為優。

如果要選用自製方案 A，其產量要增加到 2 萬件(從 $100000 + Q \times 75 = Q \times 80$ 算出)，而採用方案 B 的臨界產量為 3 萬件(從 $80 \times Q = 300000 + 70 \times Q$ 算出)。

實際上，在做出「自製或外購」決策過程中，採購的「道德」問題不能不作為重要因素加以考慮，銷售人員向購買人員送禮成風，請客吃飯，免費旅遊，高消費娛樂，回扣和賄賂等。美國有些企業明文規定採購人員一年接受的所有贈禮不能超過 25 美元，嚴禁拿回扣和賄賂。這種採購「道德」問題可以從很小發展到嚴重損害企業的利益，購買者在銷售人員疏通之下可以採取種種肥私行為，如從配額中舞弊，多重價格，招標中合謀，按高檔產品樣本促銷而按低檔產品供貨，吃回扣和獲得各種名目的好處費等。只有建立市場經濟的交易機制，保持規範溝通管道和信息公開，才能在更大程度上發揮外購、外包的功能，真正促進企業發揮自身的核心優勢。

第二節　外包生產計劃的控制流程

外包生產計劃的控制程序，包括外包發料、外包補料和退料、外包作業品質控制和外包驗貨等內容。

1.外包發料

外包發料內容根據外包類型的差異而有所不同，如表 4-2-1 所示。

表 4-2-1　外包發料的內容

內容	說明
成品外包	由企業提供材料或半成品供外包商製成成品，外包加工產品交付後即可當作成品銷售或直接由外包商交運
半成品外包	由企業提供材料、模具或半成品供外包商生產，外包加工後尚需送回企業再加工才能完成成品
材料外包	由於企業無此種設備或設備不足，需要將產品製造所需加工的材料外包加工才能為企業所使用

外包發料流程一般包括製作外包發料單、檢驗外包發料和外包發料審批等內容。

(1)製作外包發料單

採購部根據外包生產計劃，編制標準材料表，核算物料損耗率，製作外包發料單，確定發料數量。

(2)檢驗外包發料

發料前，通知品質部進行出庫檢驗，保證發料品質。採購材料由外包商直接提領比較便捷時，品質部應派檢驗員到外包商處驗貨。

(3)外包發料審批

外包發料出廠時，填寫外包送貨單一式五聯，貨倉保留一聯，其餘四聯隨貨送外包商簽收後，一聯留外包商保存，其他三聯返回企業，分送採購部、生產部和財務部保存。

2.外包商補料和退料

(1)外包商補料

如果企業發料數量不夠或者客戶突然增加訂單數量，企業均需補料給外包商。補料需開補料單，經相關管理人員簽字後生效。

(2)外包商退料

外包商退料的情況，如表 4-2-2 所示。

表 4-2-2　外包商退料的對象

退料對象	說明
規格不符的物料	物料規格不符，責任多在企業自身，例如發錯料或者供應商發錯料而企業沒有檢驗查出。如果組裝時造成損失，企業應負責賠償
超發的物料	責任在企業，應對發料人員進行相應的處罰
不良物料	物料不良的原因包括漏檢的不良風險、運輸和裝卸不良、外包商保管不善和外包加工過程不良
呆料	責任往往在企業，例如發料後客戶突然取消訂單
廢料	出現廢料，可能由外包商加工過程導致，也可能由原材料錯誤採購導致

外包商退料，應填寫退料單，經雙方相關管理人員簽字後生效。

3.外包作業品質控制

外包作業品質控制，包括生產前品質協議、外包樣品審核和正式

生產的品質控制等內容。

(1)生產前品質協議

外包品質協定內容包括下列一項或多項內容：外包商的品質管理體系，外包商交貨時提交的核對總和試驗數據以及過程控制記錄，外包商進行 100%核對總和試驗，由外包商進行批次接收後抽樣核對總和試驗，企業規定的正式品質體系，由企業或第三方評價外包商的品質管理體系以及內部接收檢驗、篩選。

(2)外包樣品審核

在正式量產交貨前，應審核外包商樣品，包括新設計零件、新承包零件、件號重編的設計變更零件和工程變更零件等。

外包商必須向品質部提交樣品檢驗記錄、材質規格確認書和工程規格確認書一式兩份。品質部承認合格的記錄一式兩份，一份交外包商，一份企業留存。

(3)正式生產的品質控制

正式生產的品質控制，包括建立標準、實施檢驗、一般管理、異動管理、重要零件管理、監查管理和保存記錄等內容，如表 4-2-3 所示。

4.外包驗貨

外包驗貨是外包品質管理的重點，應進行規範化管理。

(1)驗貨的內容和方法

外包驗貨的內容和方法，如表 4-2-4 所示。

表 4-2-3 正式生產品質控制的內容

內容	說明
建立標準	制訂品管基準書(外包管理、過程管理、出貨檢查、抱怨處理等管理辦法)、規格類文件(外包零件、半成品和成品檢驗規格)和限度樣品
實施檢驗	材料檢驗、制程檢驗、成品核對總和出貨檢驗
一般管理	計測器具管理、過程控制與過程能力分析、批次管理、特殊工程管理和外包管理
異動管理	品質異常處理、特採作業、設計變更和工程變更
重要零件管理	必須符合一般的管理要求,實施嚴格管理
監查管理	外包商監查產品和品質管理體制,預防不良
保存記錄	記錄並保存外包商對開發與製造的管理記錄、檢驗或試驗記錄、批次管理記錄、量具精度管理記錄、特採對象的監查或指導記錄以及不良對策

表 4-2-4 外包驗貨的內容和方法

內容和方法	說明
內容	核對外包生產通知單,檢驗產品名稱、顏色、規格和尺寸
方法	免檢。針對外包商品質能力年度考核的結果介定
	全檢。針對重要零件、已發生過或多次發生過不良的產品
	抽檢。針對制程穩定,鑑定成本過高或無法進行全數檢驗的產品

(2)驗貨流程

驗貨流程包括送檢、核對總和入庫 3 個步驟，如下圖所示。

圖 4-2-1　驗貨流程示意圖

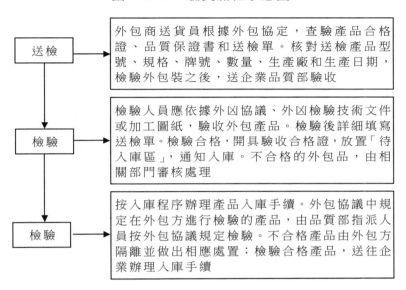

(3)驗貨完畢的審核

外包商送檢的產品檢驗完畢，合格品入庫後，應對不合格品進行審核，審核結果一般包括 2 種情況。

①特採

經檢驗，外包商承制零件與圖紙不符，如果其主要功能符合要求，外包商可說明理由申請特許採用，以降低成本，但只限於極少數不影響成品機能的零件，並應限定有效期限和數量。

②退貨

外包商的不合格品，除特採外，應一律按退貨處理。

(4)收貨清點和交接

對檢驗合格的產品，庫房應做好清點與交接工作，包括單據和數量的清點與交接，如表 4-2-5 所示。

表 4-2-5　收穫清單和交接的內容

內容	說明
單據清點與交接	品質憑證，包括送檢單、產品合格證、品質保證書和品質檢驗報告；送貨單，應核查產品名稱、規格、型號、供貨數量和交付日期
數量清點與交接	清點產品實際數量與品質憑證上數量是否相符。當客戶訂單在生產過程中發生變化，例如，當外包商將生產出訂單部份數量產品時，客戶突然取消訂單；客戶對訂單的一部份產品進行規格調整，但要求按照原來的交期交貨；客戶需要在原定單的基礎上增加產品交貨數量，或者臨時插單等，遇到這些情況應特別注意清點外包商送貨數量

◀)) 第三節　避免產品外包的可能性控制

企業需要在綜合平衡核心技術的可控性、技術流程的相似性和成本費用的低廉性的前提下，確定是否需要產品外包。如果不需要外包，應同時從原料採購、成本管理和品質管理等方面提高自身生產管理水準。

1.原料採購

採取多種途徑，確保企業所需原材料的品質並且能夠穩定及時的供應，並盡量降低成本。其主要方法包括：

· 與原材料供應商簽訂購買合約，確保貨源的穩定供應。

- 為原材料供應商提供一定的技術和資金支援，加大原材料檢測力度，確保獲得高品質的原材料。
- 根據市場動態，及時調整採購策略，加強管理，降低成本。

2.成本管理

加強成本管理的主要方法包括：

- 隨著生產規模的擴大，利用規模效應降低產品成本，加強與原材料供應商的聯繫，控制和降低原材料供應價格。
- 加強研發能力，提高生產作業人員熟練程度和技術水準，降低生產成本。
- 提高管理效率，激發員工積極性和創造性，節約加工費用。

3.品質管理

企業應通過多種方式確保產品品質，主要方法包括：

- 在企業內部樹立「品質就是生命」的生產觀念，增強品質意識。
- 在生產過程中落實每一個環節的品質保障，建立高效檢測系統，檢驗產前、產中、產後的每一個環節，保證產品品質。
- 培訓生產作業人員，使其具有較高的技術和素質，充分發揮主觀能動性，打造一流的產品品質。
- 建立專門的產品檢驗隊伍，確保產品合格率。
- 強化產品品質管理，力爭達到各項品質認證體系要求。

4.提高生產能力

企業提高生產能力可以通過以下途徑實現：

(1)改善設備的利用時間

減少設備停歇時間，提高設備的實際利用時間。主要方法包括：

- 採用先進的設備維修方法，提高維修品質，合理地安排修理計劃。

· 加強生產作業準備工作及輔助工作，減少停機次數。

· 加強生產作業計劃和調度工作，保證生產環節銜接緊密，均衡生產。

· 提高產品品質，降低不合格品率，減少設備和勞力的無效工作時間。

· 改進工作班制度，交班不停機。

(2)改善設備利用強度

主要方法包括：

· 改進產品結構，提高結構技術性。

· 提高產品的系列化、標準化和通用化水準，標準件和通用件的生產儘量採用高效的專用技術裝備、先進技術和操作方法。

· 改進設備和工具，以自動化作業代替一般的機械化操作和手工操作。充分利用設備的尺寸、功率和工位等技術特性。

(3)增加生產設備投入數量

主要方法包括：

· 加快新設備的安裝試車工作，儘快交付使用。

· 提高機器設備的成套性。

· 充分挖掘或利用現有設備，必要時調撥或購置一定量的設備。

(4)充分利用生產面積

主要方法包括：

· 改善生產面積的利用，合理佈置工廠和工段的機器設備，增大生產面積在總面積中所佔的比重。

· 合理安排在製品庫、外購件庫和成品庫的面積。盡可能組織準時化的流水生產。

· 合理組織工作輪班，增加生產面積的利用時間。

第四節 生產委外管理的實施步驟

委外管理分為三個階段。

1. 委外計劃

當企業需要委外時，在實施前必須做好計劃，其內容包括以下幾點。

(1)需要將那種產品委外生產、何時委外生產、何時收貨。

(2)確定外協廠家，聯繫廠家是否願意接單。

(3)確定委外日程計劃。

(4)確定委外負責人。

(5)草擬委外合約。

(6)確定委外價格。

2. 委外跟蹤

委外跟蹤管理主要是向外協廠家詢問生產進度問題，其內容包括以下幾點。

(1)瞭解生產進度情況。

(2)瞭解生產過程中出現的品質問題。

(3)瞭解生產過程是否需要幫助。

(4)到外協廠一線現場檢驗，生產產品是否符合生產規格。 瞭解外協廠的生產技術是否合理

3. 收貨

主要是要求來料部門按時、按質、按量收貨。如果產品出現某種缺陷，企業則需要考慮將對外協廠外協採取何種處罰措施。

第五節　外協管理的實施重點

1.目的

為了確保外協管理有章可循，特制定本辦法。適用於公司對外協進行管理的相關事宜。

2.選定方法及基準

(1)外協加工及外協製造的申請、是否符合規定、數量方面是否適宜。

(2)申請核准後，由外協管理人員判定是否有協作廠商承制；若沒有則選擇三家以上廠商的資料，填具廠商資料調查表。

(3)實地調查時，由品質管理委員會指定品質管理、生產管理、技術、外協管理等單位派員組成調查小組。但每一次不一定所有人員都要參加，要視加工或零件製造的重要性而定，將調查結果填入廠商資料調查表中。

(4)實地調查後可選定其中一家廠商試用。

(5)審查基準。

品質、供應能力、價格、管理，選擇其中評分最高者作為適用的協作廠商。

3.試用

當選擇最佳廠商後，必須經過試用，待試用考核達到標準以上時，才能正式成為本公司的協作廠商。

(1)試用合約

規定試用期為三個月，每個月要考核一次，並將結果通知試用廠商，試用合約格式。

(2)試用考核

試用期間要對試用廠商進行考核。

(3)試用開始時

試用廠商要將樣品送來檢查，經判定合格後才能繼續大量的加工或製造。

4.正式設立

(1)正式設立判定基準

試用考核期間的成績達 70 分以上者則正式判定為本公司的協作廠商。

(2)正式合約內容

與試用合約格式相同。

5.外協

(1)負責單位

由外協管理員負責外協加工或外協製造的事務。

(2)外協資料

外協加工或外協製造時，給試用廠商或協作廠商的資料如下。

①藍圖。

②技術程序圖。

③操作標準。

④檢查標準。

⑤檢驗標準。

⑥材料的規格、數量。

6.外協指導管理

(1)使其確實按照我們的規定來加工或製造。

(2)協助其提高品質。

⑶經常聯繫協調，瞭解外協的進度、品質。

⑷指導教育與考核。

7.外協核價

當由本公司供料時：

$$總價＝單價×物料數量(1－報廢率)$$

⑴數量必須要經負責的生產管理員簽證，有時可由過磅員重新核算。

⑵報廢率（抽樣測量）或報廢數的資料由品質部提供。

8.外協督促

確使外協加工或外協製造的貨品如期交來。

9.品質管理

(1)入廠檢驗

①按雙方協定的驗收標準及抽樣計劃來驗收。

②進料管理流程（略）。

(2)外協品質管理和定期考核

確使試用廠商或協作廠商供應的產品符合要求，對其必須檢查。

①每月巡廻檢查各協作廠商，對每個協作廠商，三個月中至少要做 1～2 次以上的檢查。

②對試用的廠商，三個月內要做 2 次檢查。

10.不良抱怨

(1)抱怨程序

①驗收的抱怨。

a.驗收人員將檢驗報告通知外協管理人員，並將資料存檔，作為下次驗收的依據。

b.外協管理人員將驗收情況通知協作廠商或試用廠商，使其針對

缺陷進行改進，資料存檔，作為考核依據。

②生產時的抱怨。

a.生產中發現不良的主要原因是由於外協而發生時，製造各科組通知生產管理單位。

b.生產管理單位通知品質管理員再重檢外協廠商交來的半成品或零件，並通知外協管理員，資料存檔，作為驗收依據。

c.外協管理員通知協作廠商，資料存檔，並作為考核的依據。

③還有品質管理日常檢查抱怨及國內外客戶訴怨等。

(2)責任分擔

不良抱怨發生時，除要通知協作廠商或試用廠商，針對缺陷進行改進外，自身更要做好品質檢查考核管理工作。若有生產時的抱怨發生，還要依照合約內的規定罰款。

11.指導教育與考核

(1)負責單位

有關外協的品質管理、生產管理、設計以及外協管理的單位均有負責指導教育考核的責任。

(2)進行方式

首先必須健全本廠的品質管理組織。

①指導教育方面

a.協作廠商高階層人員觀念訓練。

鼓勵其接受新觀念或參加本廠召開的產品開發座談會、品質管理座談會。

b.協作廠商品質管理人員訓練。

鼓勵其參加專業訓練或品質管理訓練，或安排其參加本廠所舉辦的專業品質管理班，使其瞭解以下內容。

· 本廠的品質管理政策及組織。

· 本廠進料驗收、制程和成品的品質管理及最後檢驗等。

· 本廠驗收使用何種驗收規格、儀器、量規、抽驗表以及如何判定合格。

②其他協助方面

管理制度、品質管理制度的建立實施，原料管理、工作方法的改善等。

第六節　生產部外協管理辦法

1. 目的

為了對外協加工過程進行控制，保證外協的產品滿足規定的要求，特制定本辦法。

2. 適用範圍

適合於本公司對需要外協加工的所有零件。

3. 外協理由

⑴公司現有設備和人員無法加工。

⑵不能滿足計劃進度要求。

4. 外協程序

⑴外協前確認

①圖紙確認：設計人員確認外協人員所用圖紙的正確性。

②工序確認：工廠主任確認外協工序的正確性。

③零件確認：按照相應的檢驗規程對需外協的零件進行檢驗，確認外協前應加工的工序都已經完成，結果是合格的，並簽字確認。

(2)外協加工《委託單》填寫

生產部將需要外協的內容填寫在《委託單》上，確認外協內容、零件名稱、技術要求、數量等，必要時附以相應圖紙。

(3)對承制單位品質保證能力的考察、認定

①關鍵件、重要件的外協加工，生產部組織相關人員，對外協承制單位進行現場考察、認定。

②一般零件的外協加工，外協人員對外協承制單位進行現場考察、認定。如有必要可邀請有關部門代表參加。

(4)外協加工過程控制

①外協承制單位在加工過程中必須嚴格按設計圖紙和技術要求進行生產，原材料牌號和品質必須符合設計要求，加工件要嚴格檢驗。對特殊工種和典型技術，工廠主任與質檢人員需進行現場監督。

②外協承制單位在關鍵件、重要件加工前擬制加工方案，由檢驗員會同設計、技術等有關人員對加工方案評審後方能生產。

③外協承制單位在加工過程中出現設計文件更改和材料代用，必須有更改文件並經我公司設計人員或項目負責人簽字認可。如有重大改動須經生產部經理批准。

(5)驗收和入庫

①外協承制單位檢驗合格後，由檢驗人員驗收，合格後在《外協加工入庫登記表》上簽字確認，生產部經理批准後方可入庫。

②驗收過程中發現不能滿足技術要求或圖紙要求的，由外協承制單位負責返工解決。

③外協產品不合格的處理。

a.若發現不合格品時，查找可能導致不合格的原因，採取一定的措施，消除不合格現象。

b.若是外協單位造成的不合格,由外協承制單位負責返工解決,必要時,按照外協前的商定對外協單位進行索賠。

5.圖紙收回

外協件驗收合格後立即回收全部設計文件。

6.技術保密

涉及保密的外協項目,在《委託單》上註明,必須責成外協承制單位執行保密規定。

 ## 第七節　外協加工管理辦法

1.目的

為使公司的外協加工管理更加規範化,特制定本辦法。

2.適用範圍

適用於公司對外協加工進行管理的相關事宜。

3.外協類別

外協是依其加工性質的不同區分的。

(1)成品外協

指由本公司提供材料或半成品供協作廠商製成成品;其外協加工後即可繳交物料部門當成品銷售或可直接由協作廠商交運者。

(2)半成品外協

指由本公司提供材料;模具或半成品供協作廠商製造;其外協加工後尚需送回本公司再經過加工才能完成成品者。

(3)材料外協

產品製造所需經過的某段加工過程必需的材料;由於本公司無此

種設備(或設備不足)需要外協加工使其於公司內能使用均屬此類。

4.廠商調查

(1)為瞭解外協廠商的動態及產品品質,外協人員應隨時調查。凡欲與公司建立外協關係而能符合條件者,都應填具「供給商(外協)調查表」以建立資料,作為日後選擇外協廠商的參考。

(2)外協人員應依據「供給商(外協)調查表」每半年覆查一次以瞭解廠商的動態,同時依變動情況,更正原有資料內容。

(3)於每批號結束後,將外協廠商試作和外協的實績轉記於「供給商(外協)調查表」,以供日後選擇廠商的參考。

5.選定方法及基準

(1)審查方式

書面審查及實地調查。

①外協加工及外協製造的申請;是否符合規定;數量方面是否相宜。

②申請核准後由外協人員判斷是否有協作廠商承制;若沒有則選擇三家以上廠商的資料,填具「廠商資料調查表」。

③實地調查時,由供給商評估小組指定品管、技術、外協、生產等部門派員組成調查小組;但每一次不一定所有人員都要參加,要視加工或零件製造的重要性而定,將調查結果填入廠商資料調查表中。

④實地調查後可選定其中一家廠商試用。

(2)審查基準(選擇其中優秀者作為適用的協作廠商)

①品質。

②供給能力。

③價格。

④治理。

6.試用

當選擇最佳廠商後，必須經過試用；試用考核達到標準以上時，才能正式成為本公司的協作廠商。

(1)試用

合約規定試用期為三個月，每個月要考核一次，並將結果通知試用廠商。

(2)試用考核

試用期間要對試用廠商進行考核。

(3)試用開始時

試用廠商要將樣品送來檢查，經判斷合格才能繼續大量的加工或製造。

(4)合格供給商的確定

試用考核期間的成績達 70 分以上者，則為合格協作廠商。

7.詢價

⑴提出「請購單（外協）」前外協人員應依需要日期及協作廠商資料進行詢價，詢價對象以 3～5 家為原則，需提供估價單，其內容有模具與零件的材料、人工、稅金、利潤等資料，每家均填寫「外協零件模具估價表」及「估價分析表」。

⑵外協人員審核估價明細表後循議價、比價方式（以確保品質和交貨期為前提），將詢價記錄填寫於「訂購單（外協）」內呈主管核准；外協人員需將承制廠商、外協薪資及約定交貨期轉記於「外協（外協）進度控制表」以控制外協產品的交貨期。

⑶為配合技術設計部門的要求或生產部門的緊急需求，外協人員可參考以往類似品的外協價格，免經過議價、比價手續，直接指定信用可靠的廠商先行加工作業；但也應事後補辦「訂購單（外協）」及簽

訂合約的手續。

8.簽訂合約

(1)詢價完成後,外協人員應於外協零配件交運前與協作廠商簽訂「外協(外協)進度控制表」。一式兩聯:一聯自存;一聯送協作廠商據此依進度作業;同時訂立「模具委託開發製造合約書」。

(2)「模具委託開發製造」一式三份,由外協廠商核印後,送呈主管;經理核准核印後,一份送協作廠商,一份送會計部門,一份自存。

(3)外協廠商履行合約情況如有異常致使本公司遭受損失時,外協人員應立刻設法改善,依約追償,並即以簽呈,呈報主管簽,轉呈經理核示處理;扣損失金額超過 10000 元以上時,應轉呈總經理核實。

9.申請
(1)試作

請購人員根據產品設計人員製作的「零件表」、「設計圖紙」等技術資料,開立「請購單(外協)」一式四聯。呈物控經理核准後,第一聯送外協部門;第二聯自存;第三聯為倉庫聯;第四聯為會計聯。待試製品合格收料後,第四聯附發票和收料單送會計部門整理付款。

(2)量試

①外協人員於第一批小量試作品完成並送交技術設計人員經驗認正常後(如需修改,則再通知外協廠商重新送樣,直至正常為止)即進行第二階段的量試。

②如在量試與試作過程中,產品設計人員為求產品增加美觀與功能必須增減或修改某些零配件時,應統一由產品設計人員重新繪製零配件成品圖,對於需重新開發模具的,應洽協力廠商核算、提供重開模的費用。

③經量試的樣品,經技術設計人員認可後,由外協人員主動聯繫

生產人員領取相關資料(產品零件表、零件圖、組合圖、標準規格及用料清單、零件部品的流程圖及說明書、制程能力分析、產能設定資料、樣品及各項操作、品質的基準等)。(若因業:等需要,可由外購外協人員繼承量產的外協)應立刻由外協人員主動召集此項檢查會,提出量試期間發生的各項修正與變化,詳細列入會議記錄。

10.外協

(1)負責部門

由外協人員負責外協加工或外協製造的事務。

①外協人員於接獲產銷部門通知生產後,即(按交貨期間)適當安排各項外制零配件的交貨進度。如價格與對象不變,請購部門不必再填「請購單(外協)」,而直接以「訂購」單填寫,單價欄註明是外協單價按正常外協方式作業。

②由本公司提供原物料者,由計劃部門提出申請核准後,由填寫「外協加工單」連同原料、半成品隨車交運。「外協加工單」一式四聯;第一聯自存;第二聯存會計;第三、四聯送廠商;第四聯由廠商簽回。待加工完成並檢驗合格後,由貨倉部門填寫「進料驗收單」一式四聯:第一聯自存;第二聯送物控;第三聯由供給商收回;第四聯送會計。收到發票後,連第三、四聯整理付款。

(2)外協資料

外協加工或外協製造時要給試用或協作廠商的資料如下。

①技術圖紙。

②技術程序圖。

③操作標準。

④檢查標準。

⑤檢驗標準。

⑥材料的規格和數量。

⑶外協指導治理

①使其確實按照公司的規定來料供貨製造。

②協助其提高品質。

③常常聯繫協調，瞭解外協的力度、品質。

④指導教育與考核。

⑷外協核價

當由本公司供料時：

$$總價＝單價×（1－報廢率）$$

①數量必須要經貨倉人員驗收。

②報廢率（抽樣測量）或報廢數的資料由 IQC 部門提供。

⑸外協督促

按一般外協程序對外協加工產品進行跟催。

11.品質控制

⑴檢驗依據

協外廠商依據外協人員所提供的正式技術圖或樣品，連同零配件（以塑膠透明袋裝妥，並於袋上標明：零配件名稱、數量和廠商）一併送交貨倉部門及外協人員登記，並轉交產品設計人員檢驗；檢驗按雙方協定的驗收標準及抽樣計劃進行。

⑵試樣檢驗

技術產品設計人員於接到外協人員所帶來的樣品後，應依原技術圖的要求檢查其規格與物性，其處理方式如下。

①檢驗合格者

經檢驗合格者即填寫「檢驗報告表」，並將零配件連同「檢查報告表」送貨倉部門辦理入庫收料，待通知試裝。

②檢驗不合格者

檢驗不合格的零配件，應由產品設計人員於「檢查報告表」內註明不合格的原因，送回外協人員轉記於「外協（外協）進度控制表」內，繼承追蹤外協廠商如期（或延期）完成。

③如於檢驗過程中發生設計變更等事項，仍應通過外協人員向協作廠聯繫要求變更事宜。

⑶外協品質管理和定期考核

①使試用廠商或協作廠商供給的產品符合要求。

②對其必須進行如下檢查。

a.每月巡迴檢查各協作廠商。對每個協作廠商三個月中至少要做1～2次以上的檢查。

b.對試用的廠商，三個月內要做 2 次檢查。

12.不良抱怨

⑴驗收的抱怨

①驗收人員出示檢驗報告通知外協人員，並將資料存檔，作為下次驗收的依據。

②外協人員將驗收情況通知協作廠商或試用廠商，使其針對缺陷進行改進，資料存檔，作為考核的依據。

⑵生產時的抱怨

①生產中發現不良的主要原因是由於外協而發生時，製造工廠、組別通知生產計劃部門。

②生產計劃部門通知檢驗員再重檢外協廠商交來的半成品或零件，並通知外協人員資料存檔，作為驗收的依據。

③外協人員通知協作廠商，資料存檔。

第 **5** 章

生產作業任務管理

🔊 第一節　制定生產計劃

1. 月生產計劃種類

(1)月份生產排程與負荷計劃。

　　該計劃只排定一個月內各生產批的大致排程量與期間，並作為負荷分析計算的依據，並不明確每個工作日的生產計劃量。

(2)月份生產計劃。

　　該計劃詳細安排一個月內每個工作日完成的生產數量，作為製造部生產任務達成的目標。

2. 月生產計劃制定

(1)據「訂貨通知單」確立生產批。

　　①生管部接獲業務部的訂貨通知單後，應制定生產批號，如訂單數量比較大，應根據交貨日期區分，將同一產品型號的訂單，區分為不同的生產批，並加以編號。

　　②如果訂單量較小，可以與其他訂單進行合併，編成同一生產批

號，但編制同一生產批號的訂單，其產品型號、規格、名稱應完全一致，否則不可以合併。

表 5-1-1　月份計劃制定依據

1.年度生產目標。
2.月份銷售計劃。
3.訂貨通知單。
4.月份生產排程與負荷計劃。
5.人力、設備狀況。
6.物料狀況。

(2)開立「製造命令單」。

①針對每一生產批號，由生管部開立「製造命令單」，一般要多做幾份，其中一份由生管部自存，其他分發製造部、生技部、品管部、業務部、資材部、採購部等各一份，以利各部門管理。

②「製造命令單」一般應包含下列內容：生產批號、產品型號、規格、名稱、單位、生產批量、交貨日期、技術要求。

③生管部應將原「訂貨通知單」上的特殊要求，轉記於「製造命令單」上，以利各部門進行過程管理。

④如遇訂單取消、變更時，生管部應相應對「製造命令單」作取消或變更，並通知相關部門。

(3)月份生產計劃編排。

①每月在公司規定的某固定日，如25日前，生管部根據月份銷售計劃資料，編排月份生產排程與負荷計劃，明確各制程的負荷狀況。

②根據月份計劃制定依據中的各項資料，由生管部編排次月份生產計劃。

③月份生產計劃一般要複製幾份，一份由生管部自存，另分發下列相關部門各一份：業務部、製造部、生技部、資材部、品管部、採購部等。

④如果月份生產計劃分發後，遇客戶訂單變更、取消、臨時增加或其他變化，一般應體現在週生產計劃或日生產計劃中。

⑤重大變更確需作大量調整時，由生管部修訂月份生產計劃，並通知各相關單位。

第二節　制定細部生產計劃

1. 細部生產計劃含義及種類

細部生產計劃是指詳細安排生產進度的計劃，其目的是明確各生產批及各工程的投產日、每日產量及完工日。細部生產計劃有以下三種：

(1)生產批細部排程。

是指分別以各生產計劃編制從第一道工程到最後一道工程(此處工程均指大制程，以不同性質的加工科或班組為一大制程)的詳細生產計劃，包含投產日、每日產量及完工日等內容。

(2)週生產計劃。

是指分別以各大制程編制一週的詳細生產計劃，包含每日生產產品的名稱、型號、規格及客戶、每日生產量等內容。

(3)日生產計劃。

是指分別以各大制程編制的一日(一般為次日)或二至三日詳細生產計劃。包含生產產品名稱、型號、規格、客戶、每日生產量及起

訖時間等內容。

2.細部生產計劃制定

(1)建立工作日曆。

①在每年年底即依據次年公司行事年曆，制定次年度各月份的「工作日曆」，將必要的節假日予以扣除，作為生產計劃安排時的主要依據，其格式可自行設計。

②每月中某固定日，根據具體狀況視需要修訂次月份的「工作日曆」，作為更精確的生產排程之用。

③每週依據生產狀況，確定該週原「工作日曆」中的節假日是否依計劃休息或加班。

(2)生產批細部排程。

①在依據「訂貨通知單」確立生產批後，應編好月生產計劃。

②根據月生產計劃、產品別標準工時、近期實際生產效率、各制程的設備與人員狀況，編制各生產批的各制程細部生產進度排程，填入「生產批細部排程表」。「生產批細部排程表」一般作為生管部自控資料使用，不另發其他部門。

(3)週生產計劃編排。

①生管部依據月生產計劃、生產批細部排程，轉化成各制程的每週生產計劃，一般在每週五完成次週的計劃。

②每週五由生管部召集各相關部門召開週生產計劃協調會，並就會議狀況視需要修改週生產計劃，並重新分發週生產計劃。

③每週生產計劃一般要多制幾份，一份由生管部自存，其餘分發製造部、品管部、生技部、資材部、業務部、採購部等部門各一份。

④每週生產計劃如需要變更，一般體現在每日生產計劃上；如確有重大調整，有必要進行週計劃修訂時，一般由生管部負責修訂並分

發。

<h3 style="text-align:center">表 5-2-1　週生產計劃編排</h3>

　　週生產計劃協調會一般由生管部主持召開，生產副總或生管部主管作為會議主席。參加會議人員應包括：生管部生控人員、物控人員、業務部主管、品管部主管、生技部主管、資材部主管、採購部主管、製造部主管及各大制程單位主管。

　　1.生管部生控人員就下週生產計劃作說明、陳述，其作人員就物料控制、交期要求、品質狀況、技術要求事項、生產能力狀況展開報告或討論。

　　2.由生管部主管視會議決定是否修訂週生產計劃，並責令生控人員完成。

　　3.未決事項由會議主席裁決。

　(4)每日生產計劃。

　　①生管部根據週生產計劃、每日生產進度、物料供應狀況、品質技術問題等具體狀況，於每日下午(一般在15：00前)安排次日生產計劃，確定各大制程的生產目標。

　　②因訂單臨時變化或其他進度異常而引起的生產計劃的變更，在每日生產計劃中須予以體現。

　　③每日生產計劃作為各製造部安排內部生產的最終依據。

　　④每日生產計劃同每週生產計劃一樣應分發各相關部門。

第三節　編制生產計劃方案

一、生產計劃編制

第 1 章　總則

第 1 條　為加強對工廠現場生產計劃的管理工作，編制合理有效的工廠生產計劃，完成工廠生產任務，特制定本規範。

第 2 條　解釋說明

工廠生產計劃是生產計劃的具體執行計劃，是把工廠全年的生產任務具體地分配到各工廠、工段、班組以至每個操作人員，規定各相關人員在月、旬、週、日以至輪班和小時內的具體生產任務，從而保證按品種、品質、數量、期限和成本完成工廠的生產任務。

第 3 條　工廠生產計劃的內容

1.工廠生產作業計劃日常安排。

2.班組生產作業計劃的編制。

3.班組內部生產作業計劃的編制。

4.臨時生產計劃及其他。

第 4 條　具體的生產作業計劃編制工作由工廠調度人員及班組計劃人員完成。

第 2 章　生產計劃編制要求

第 5 條　工廠生產計劃編制步驟

1.調查研究，收集資料。

2.統籌安排，初步提出生產計劃草案。

3.綜合平衡，確定工廠生產計劃。

4.計劃審核與審批。

第 6 條　生產計劃編制人員在編制生產計劃時需收集相關資料，包括年度銷售任務、年度生產銷售預測、上年度生產任務完成分析、工廠經營發展規劃與戰略目標等。

第 7 條　大量生產類型產品的總生產計劃編制要求

大量生產類型產品的市場需求量穩定、季節性需求明顯，編制此類生產計劃時可採用如下編制方法。

1.生產穩定情況下採用的產量分配形式，包括平均分配、分期遞增、小幅度連續增長和拋物線遞增等。

2.在需求具有季節性的情況下，生產進度的均衡安排方式如圖5-3-1 所示。

圖 5-3-1　有季節性需求情況下生產進度的均衡安排

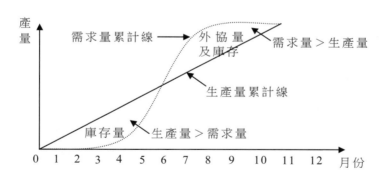

3.在需求具有季節性的情況下，生產進度的變動安排方式如圖5-3-2 所示。

圖 5-3-2　有季節性需求情況下生產進度的變動安排

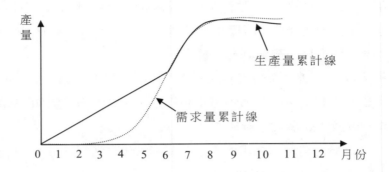

4.在需求具有季節性的情況下，生產進度的折衷安排方式如圖 5-3-3 所示。

圖 5-3-3　有季節性需求情況下生產進度的折衷安排

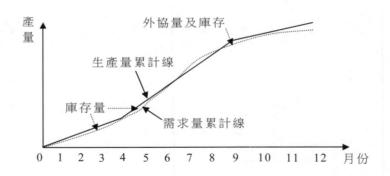

第 8 條　成批生產類型產品的總生產計劃編制要求

1.產量較大、經常生產的主導產品可在全年內均衡安排或根據訂貨合約安排。

2.合理搭配產品品種，使各工廠、各工種、各種設備的負荷均衡並得到充分利用。

3. 產量少的產品盡可能集中安排，減少各週期生產的產品品種數。

4. 新產品分攤到各季、各月生產，要與生產技術準備工作的進度銜接和協調。

5. 盡可能使各季、月的產量為批量倍數。

6. 考慮原材料、燃料、配套設備、外購外協件對進度的影響。

第 9 條　單件小批生產類產品的總生產計劃編制要求

1. 按合約規定的時間進行生產。

2. 照顧人力和設備的均衡負荷。

3. 先安排明確的生產任務，對尚未明確的生產任務按概略的計算單位作初步安排，隨著合約的落實逐步使進度計劃具體化。

4. 小批生產的產品應盡可能採取相對集中、輪番生產的方式，以簡化管理工作。

第 10 條　綜合平衡的內容

1. 生產任務與生產能力之間的平衡。

2. 生產任務與生產力之間的平衡。

3. 生產任務與物資供應能力之間的平衡。

4. 生產任務與生產技術準備之間的平衡。

5. 生產任務與資金佔用之間的平衡。

第 3 章　工廠內生產作業計劃編制

第 11 條　工廠內生產作業計劃的編制原則

1. 保證工廠總生產作業計劃中各項指標的落實原則。

2. 認真進行各工種、設備生產能力的核算和平衡原則。

3. 根據生產任務的輕重緩急，安排原材料、零件投入、加工和生產進度原則。

4.保證前後班組、前後工序互相協調、緊密銜接的原則。

第 12 條　工廠內生產計劃編制步驟

1.編制各層次的生產作業計劃。

2.編制生產準備計劃，根據生產作業計劃任務，提出原材料和外協件的供應、設備維修和工具準備、技術文件準備、勞動力調配等生產準備工作要求，以保證生產作業計劃得到執行。

3.進行設備和生產面積的負荷核算與平衡。

4.制定或修改期量標準

期量標準是指為生產對象（產品、部件、零件）在生產過程中的運動所規定的生產期限和生產數量的標準。

二、基準日程計劃編制

基準日程是指以標準作業方法和以正常的工作強度進行操作，為完成某一項作業所需的時間，是為使作業能按預定日完成，確認應該在何時開工、何時進行、何時完工的一種標準。基準日程以最終產品的交貨期為基點，從這個基點倒推各個工序的開始日和完成日。

(一)基準日程表的制定

1.基準日程表設定內容

基準日程表因產品、型號等的不同具體內容也有所不同，通常需要設定如圖 5-3-4 所示的相關內容。

圖 5-3-4　基準日程表須設定的內容

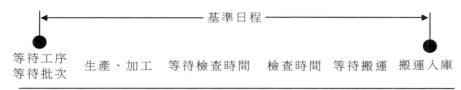

生產期間的內容

等待工序　　生產、加工　　等待檢查時間　　檢查時間　等待搬運　搬運入庫
等待批次

生產期間構成比例中，滯留時間佔的比例較大

2.基準日程表範例

基準日程表範例如表 5-3-1 所示。

表 5-3-1　××工廠的××產品基準日程表

作業日期	11/28	11/30	12/01	12/04	12/07	12/08
所需天數		2 天	2 天	3 天	3 天	1 天	
制程		設計	採購	加工	裝配	檢驗試車	
次序號		5	4	3	2	1	0
基準日程	11 天前　9 天前　7 天前　4 天前　1 天前　基準日 (開始日)　　　　　　　　　　　　　　　(完工日)						

(二)計算基準日程的方法

計算基準日程的方法如圖 5-3-5 所示。

圖 5-3-5　基準日程的計算方法介紹

基準日程的計算方法介紹

特定產品實際調查法
1.由於特定產品的重覆性，可根據特定的訂單和作業票，參考過去的實績來計算基準日程
2.生產部與相關裝配部門之間設立一定的裝配富餘時間

經驗性的計算方法
1.在多種少量生產中，零件品種更替頻繁，可不按照特定品種類別計算基礎日程，而設定統一的基準日程
2.工廠累計實際數據，可以把這些零件分組為類似品種，按各組各工序進行具有相當精確度的推斷
3.若無積累數據，只能根據現場生產主管的經驗，為每個工序計算出統一的基準日程

根據流動數曲線的方法
如果每天都是同一零件或者類似零件在流動時，可以根據在製品數量計算出滯留期間，計算公式如下：
某工序的平均滯留天數＝該工序某一期間內的在製品殘餘數累計/該工序某一期間內向後道工序發出的數量累計

第四節　現場生產調度辦法

第 1 章　總則

第 1 條　目的

為做好生產調度工作，保證生產人員按時到位，生產原料及設備及時供應，生產工廠保質、保量地按時交貨，特制定本細則。

生產調度管理是生產經營管理的中心環節，生產部作為生產調度管理的職能部門，是生產的指揮中心。

第 2 條　管理組織及其職能

1. 生產調度工作由生產部在生產總監的開展

　　工廠以生產調度為核心建立與各職能部門、工廠主任及生產班組長相連接的生產調度指揮系統，按程序分層次地組織、協調、指揮生產。

　　2.生產調度指揮系統對工廠的生產活動實行全面管理。

　　3.以生產調度集中統一指揮為原則，一切與生產相關的操作指令都要通過生產調度指揮系統逐級下達，情況緊急或必要時，有權調度工廠範圍內的人力、物力，以確保操作平穩、生產安全、保質、保量、按時完成生產任務。

　　4.調度指令具有權威性，各工廠、班組及有關部門必須協同配合，貫徹執行。有不同意見時，可一面貫徹執行、一面向上一級主管彙報及請示。

第 2 章　　生產調度管理實施

第 3 條　　生產調度應以市場為導向，以「少投入、多產出、快產出」為原則，科學利用資源，合理組織調配，有效進行生產過程控制，獲取最佳效益。

第 4 條　　上一道工序要滿足下一道工序的材料申請，按下一道工序要求的品種、品質、數量和時間組織本工序生產，向下一道工序供料。

第 5 條　　若上一道工序出現異常，在品種、品質、數量和時間方面不能滿足本工序的要求時，要及時調整，減少對後續工序的影響，盡可能保證全廠生產線秩序的正常。

第 6 條　　輔助工序要滿足主生產線的工序，為主生產線工序提供輔助條件。

第 7 條　　生產調度指揮系統在接到技術部門下達的月、週、日生

產作業計劃後，把生產任務和各種指標分解到各班次及班組。分解的主要依據是各班組的月作業時間，即按日曆時間扣除休息時間確定各班組的工時，從而確定生產指標。

第 8 條　落實生產指標時，需考慮上月生產實績、本月設備情況、安全狀況、各種計劃指標與標準等。

第 9 條　相關人員需根據生產例會的決定，結合實際生產情況，調整生產作業。

第 10 條　工廠班組長及時收集現場生產實際情況，督促生產崗位填寫各種原始記錄，整理生產日報，每週匯總、總結一次，並將信息及時回饋給各班組，使其能根據自己的生產實績，查找差距，改進工作。

第 11 條　生產調度指揮系統負責協調各個生產環節，確保設備正常與原材料、能源供應符合生產要求。

第 12 條　生產調度指揮系統負責組織班間的交接工作，每天上崗時巡視整個作業區，瞭解生產、設備狀況，查閱交接班記錄。

第 13 條　緊急情況下的應急處理

1. 當生產調度員接到緊急報警電話時，在未向外界報警時，生產調度員需立即撥打報警電話（如 119、110 或 120 等），並通知生產管理部和主管人員，迅速聯繫有關部門（如車隊、醫務室）或其他進行應急處理（如調用車隊的救護車、醫生，停車、停蒸汽等）。

2. 生產調度員必須在最短的時間內到達現場協助處理。

第 3 章　生產調度例會管理

第 14 條　生產調度例會是正常情況下解決生產上存在的問題、協調各部門工作的決策會議。

第 15 條　生產調度例會於每週四下午＿＿＿點在第＿＿＿會議室召

開。

第 16 條　生產調度例會的參加人員包括生產總監，生產調度指揮系統、設備管理部、安全管理部、品質管理部負責人或授權人等。

第 17 條　生產調度例會由工廠生產總監或其授權人主持。

第 18 條　生產調度例會的一般議程

1. 生產調度指揮系統人員檢查上次生產調度例會安排工作的落實情況。

2. 參加會議的人員依次彙報未落實工作的原因並提出需由生產調度例會解決的問題。

3. 解決參加會議人員提出的問題。

4. 安排下週工作任務。

5. 學習有關文件，傳達有關會議精神。

6. 主持人做會議總結。

第 19 條　「生產調度例會紀要」由生產調度員起草，會議主持人審定後發放給生產部及有關職能部門和工廠主管等，檔案室存檔一份。

第 4 章　附則

第 20 條　生產調度指揮系統、各工廠及各部門對本細則的執行情況，由人力資源部負責組織相關主管參與檢查考核工作。

第 21 條　本細則由生產部制定、修訂與解釋。

🔊 第五節 （案例）改善交期延遲

(一)改善前說明

　　某電子工廠的現作業型態是一純訂單式生產，目前客戶有電視機業者，電動玩具業者、電腦端末機業者等近七、八十家，由於最近客戶受外匯市場因素影響，其接到買主訂單後，立即叫上游原材料供應商在不合理之交貨期內交貨，俾能在對方要求之交貨期限經其加工製造後交於對方。若上游供應商未能在交貨內交貨，該客戶則要供應商賠償損失或取消訂單。

　　本公司就是上述之供應廠商，因客戶受買主及外匯市場影響要求本公司交貨期不但不合理，有時在下單後，也常要求本公司配合其買主的修改指令、修改訂單的內容，或在下訂單之後未生產之前要求本公司再製作樣品讓其確認，有些客戶對此項確認工作不但耗時且常不依規定期限內回覆，甚至有些客戶對確認工作馬馬虎虎，等到開始量化生產時，發現尚有問題時才要求本公司再次送樣品讓其確認。本公司就是困擾於客戶對訂單的正確性及樣品確認時效的掌握性，致很多訂單延遲交貨期，這方面的損失金額及件數，在今年 1 月～7 月者有如下表：

表 5-5-1 訂單正確性及樣品確認時效性的重要

單位:仟元/月

項目＼月份	1月	2月	3月	4月	5月	6月	7月
件數	3	5	2	4	2	5	4
訂單被取消損失金額	250	1,050	180	820	500	450	800
交貨延遲索賠金額	80	600	100	600	300	150	200
合計	330	1,650	280	1,420	800	600	1,000

(二)改善方案探討

圖 5-5-1 改善方案探討圖

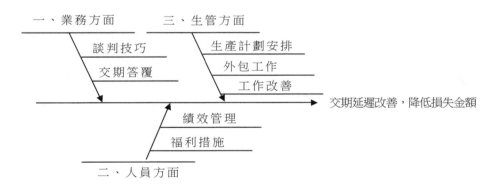

(三)改善經過說明

交期延遲造成的原因有很多種,其起源點可說來自業務單位與客戶之談判技巧,其瞭解現場之負荷與製造能力,原材料之供應廠商配合密切性,人員之工作情緒、機器設備之維護系統與工作方式的正確

性及快捷性是否有在跟催與管制範圍內。

也就是說，交期要在掌握時效內，需要多方面共同配合，諸如技術單位必須將標準作業建立並教導操作人員，對現有不合理浪費效率之工作也應給予消除改善，對於所需使用之原材料規格也應在接到訂單後隨即開立採購單，俾採購單位能在現場需用日期購入符合規格及需用數量；生管單位也應依據訂單所載明之交貨期限，往前推算各制程之預定開始製造日期及依據各制程之製造能力設定其應完成時間，在生管單位開立製造命令單後，現場單位就應該依據單據上所載明之事項領料及準備工具人員，開始生產，品管單位依據技術單位及客戶要求數據設定品質基準憑以檢驗。

1. 生產計劃安排

現狀本公司生管單位，由於生管人員對於現場設備性能及人員工作能力未曾測試，故對於產能數據較為缺乏，致在安排生產計劃時常以其個人平日工作經驗設定，所以交期的控制方面準確性較低。為了避免客戶抱怨聲再起，本項目改善小組於今年五月以馬錶對每一制程及每一設備測定其需要時間，對於人員之作業能力挑選平均年資在一年以上之作業員在其標準作業狀況之下，測定其每一單位所需之耗費時間等數據建立標準負荷能力，然後依據客戶所下之訂單載明交貨日期，安排每一制程對每一訂單應開始製作及完成時間，經過本次改善，生管單位在八月份已能獨立且準確地安排生產計劃

2. 外包工作

生管單位在安排生產計劃時，若碰到客戶訂單所需之交貨日期無法在本公司生產線以正常時間製造時，生管單位應依據外包廠商之製作能力憑以外包。惟現狀本公司對於外包廠商從來不曾測試及分析其製作能力與品質，故外包單位在發外包工作時就依他個人與廠商之交

往經驗發包，所以往往無法準確掌握廠商之交貨日期，也因此造成訂單之交期延遲。為了避免本項異常再次發生，影響公司信譽，本項目改善小組乃收集外包廠商資料並以「外包廠商數據卡」（如附件）建立廠商數據，對於這些外包廠商也依據其與公司之配合狀況設定評價之週期與評價之項目，施以評價，對於配合狀況不良者予以糾正輔導，若無法輔導者，則汰除之。

　　至於外包單價之設定方式系依生技單位對該項外包工作在標準狀況之下仿單元動作分析並予以測時，再考慮寬放時間訂定該項外包工作單位產量所需耗費時間，然後對該項工作之技術性設定合理之每日薪資，並折算每單位產量之外包單價。

3.工作改善

　　⑴對於現狀從業人員工作方式之改善應著重於工作規範之訓練並隨時加以測試，該測試之成績可列入個人之年終考績評核依據。惟現狀本公司對於各製造之工作規範尚未建立，且對於年終考核之辦法尚缺乏致上述人員績效之激勵步調較緩慢。

　　⑵對於各制程之夾具治具亦未能充分運用，故在更換模具之時較為費時，以致影響每台機台之單位時間產量。為了克服此弊端，本項目改善小組利用如何縮短模具更換之種種技術，如工作台之增設、治具之高度配合、夾具之夾頭省力化等來改善。經過改善之後原來衝床之模具設定時間，由 40 分鐘縮短為 5 分鐘，因此產量每日由 2000 件增加為 3500 件。至於如何縮短換模時間，可參考日本之相關數據。

　　⑶對於基材之裁剪方面可借機台之改善來減少現狀不合理配置兩個人從事之工作，如利用材料之推進器及定位設定器來搭配應用，經過以上改善之後，該兩人就可以完全以自動化之機器取代。當供應之材料有匱乏之際，該材料推進器會自動警報鳴示。

4.績效管理

對於每一制程分別設定其評核數據,至於該評核數據內容包括評核項目、評核此例及獎金數,至於評核項目之設定依管理需要予以設定,而每一評核項目所佔之比率隨管理重點予以設定,至於獎金之發放則依據評核基準與實際值比較之後,再對照該評核項目所佔之獎金數予以發放。評核基準得依據實際值是否突破目標或無法達成而給予適時修定,評核項目也應以實際之績效予以調整。

5.福利措施

由於現狀本公司所有現場從業人員其工作績效受種種不合理之差別待遇及公司未施以政策性福利活動,故一直無法予以提升。尤其在經營者為了減少匯率損失,促現場人員每日加班時,其工作意願處於低潮狀態,其生產效率亦由 1250 件/人、時降為 950 件/人、時。為了挽救此種不利營運之局面,除了對薪資結構予以探討修訂之外,對於福利方面亦加速謀求改進,如舉辦座談會、郊遊、節慶禮品贈送聚餐烤肉或其他球類比賽等等文康活動,且上述之活動舉辦時亦由從業人員推選召集人,分組競爭,發子獎品,刺激其榮譽感。經過為時二個月籌辦福利委員會之成立、福利委員之選派及活動主題之討論,規劃與實施之後,其生產效率已由 1250 件/人、時恢復到 1800 件/人時,提高效率約 30%。

6.業務談判技巧

由於現狀業務單位之業務員長期受客戶對公司之交期及品質抱怨,致其在市場上與客戶之應對,往往居於下風頻頻與客戶低聲下氣致歉,當客戶對於下批訂單之交期要求時,該業務人員就窮於應付,只得先把訂單接下來再視生產單位如何去安排該訂單生產了;但是生產單位手上之負荷已無法消化了,又怎麼可能有餘力去生產如此緊促

就要交貨之訂單呢？因此導致交期延遲，這種情形一而再，再而三惡性循環，客戶也因此相繼斷絕交易。為了避免此種異常案件發生，本項目改善小組除了改善現場之設備，人員之作業技巧，生管人員之產銷排程技巧之外，對於業務人員應付該種訂單時之技巧亦以數量，價錢之互相配合來與客戶作為談判條件，如交期準時交付，該批訂單之數量須達到某種程度(以換模具耗平時為由)或價錢需達某種程度，以彌補換模之損失等。

最重要的是，業務單位需隨時掌握現場負荷之治化能力，且在平時即應與客戶抱持現場消化能力之虛實資料，以混其耳目利於爾後客戶之無理要求交貨期限。

7. 交期答覆

生管單位在平時應依製造流程設計自進料至成品完成所需之製作時間提供給業務單位，(在設計此工作時間應考慮生產之數量，也就是說不同之生產數量設定不同之製作時間)，當答覆交貨時間時即依該生產時間基準計算；若碰到訂單之數量大或交貨金額大時，業務單位之答覆交貨時間即應據客戶所要求之交貨時間，在此情況下，生管單位即把它視為緊急訂單插入生產線準時生產完成交貨。

(四)改善成果

本次項目改善小組歷經四個月針對進料之時效控制，制程之進度控制，生管單位之準確安排生產計劃、現場之工作改善等予以探討現狀之問題點並一一追蹤造成原因去迎刃而解，結果在客訴索賠或訂單被取消所損失之金額已大幅降低。

第 **6** 章
生產計劃的日期改善

第一節　交期管理與改善措施

　　按時交貨，是企業信譽的保證，更是按生產計劃正常運作的必然要求。交期管理的主要內容，包括實行準時化交期，改進制程管理和建立交期管理制度等，通過及時處理交期延遲，保證按時交貨。

一、交期延遲的原因與處理措施

　　交期延遲並非僅僅是生產部的原因，其他部門，包括銷售部、研發/設計部和採購部等部門之間缺乏溝通與協調，也可能導致交期延遲，如表 6-1-1 所示。

　　針對交期延遲的原因，相關部門必須採取相應對策和處理措施，避免交期再次延遲。

表 6-1-1　導致交期延遲的原因

部門	原因
生產製造部	工序、負荷計劃不完備；工序作業者和現場督導者之間，對立或溝通協調不暢，現場督導者管理能力不足；工序間負荷與能力不平衡，半成品積壓；報告制度不完善，無法掌握作業現場實況；人員管理不到位；技術不成熟，品質管理欠缺；設備/工具管理不良；作業的組織和配置不當
銷售部	頻頻變更訂單/計劃；隨意答應客戶交期，並且期限緊迫；不能把握市場需求，無法訂立明確的銷售預定計劃；臨時增加急需即刻完成的訂單
研發/設計部	計劃拖後，導致後序工作延遲；圖紙不齊全，由於材料/零件缺失影響交期；突然更改或修訂設計，導致生產混亂；小量試製尚未完成，即開始批量投產
採購部	物料計劃不完善；所採購的材料/零件，入庫滯後；材料品質存在問題，後期加工困難；外協產品不良率高，數量不足

1.生產製造部

作業配置合理化，提高現場督導者的管理能力；確定外協/外包政策；縮短生產週期；促進崗位/工序作業的規範化，制訂作業指導書，確保品質；加強培訓，增進溝通，增加員工工作意願。

2.銷售部

用全局性、綜合性的觀點指導工作；改善銷售職能運作，定期召開產銷協調會議；加強銷售部門員工的培訓，提高工作技能和業務能力；編制 3～6 個月的需求預測表，為中期生產計劃提供參考；對客戶的訂單更改要求有明確記錄，獲得客戶確認，並及時通知生產部等相關部門。

3.研發/設計部

編制設計工作的進度管理表，通過會議或日常督導控制進度；如無法如期提供正式、齊全的設計圖紙或資料，可預先編制初期制程需要的圖紙或資料，以便準備材料，防止制程延遲；儘量避免中途更改和修訂圖紙或資料；推進設計標準化和共用零件標準化、規格化，減少設計工作量；明確設計分工和職責。

4.採購部

加強採購和外協管理，實行重點管理方式；調查供應商和外協廠商不良產品的發生狀況，確定重點管制廠家。

二、影響進度的具體原因

影響生產進度的因素主要包括以下幾個方面：

1.設備故障問題

數據分析來源為設備完好率，尤其是關鍵設備的完好率。

2.停工待料問題

數據分析來源為供應不及時、前後工序銜接不好，造成生產停工的次數與時長。

3.品質問題

廢品率高於標準，原因包括設備精度下降、物料品質問題、操作人員人為因素、加工技術問題等。

4.員工缺勤問題

生產現場人員可能發生的突發事件造成請假、缺勤現象。

5.技術問題

技術不合理或更新頻繁，影響作業進度。

6.計劃與執行問題

生產計劃安排不合理，影響生產計劃的完成情況。

三、準時化交期的改善措施

企業必須站在客戶的角度，建立準時化交期，同時保證產品的數量和品質。其基本改善措施包括以下內容。

1.瞭解市場，分析客戶，做好市場預測

生產必須以客戶為中心，以客戶的實際需求為依據，及時瞭解市場，識別、分析和確定客戶購買類型，篩選出有用的信息資源，同時，準確掌握常用材料的日存量狀態，通過目視管理，實現資源分享，將客戶的交貨期與材料的動態信息相結合。

2.靈活安排生產

靈活安排生產的主要方法，如表 6-1-2 所示。

表 6-1-2　靈活安排生產的主要方法

方法	說明
化整為零	依據不同客戶的運輸提前期，將同一客戶不同時間段的訂單放在同一天生產、完成
目標管理	根據每個客戶的情況，綜合其信用等級，分期分批安排生產
控制管理	對部份特製產品，在訂單增多時，控制和規範接單，控制生產週期
梯子管理	從年初開始衡量和驗證生產能力，確定日、月的生產量，並不斷擴充和完善生產能力使其呈階梯狀不斷上升

3.實行監督式管理

在保證準時化交期的同時，除安排配置原有的跟單人員，還需組織由生產、行銷、物料和品管等各個部門管理人員及各個區域行銷代表組成的品質監督隊伍，不定期抽檢和確認原材料、半成品和產成品，提出改進意見，以避免因品質不良導致返工，無法按時交貨。

4.資源分享，協調一致

各個部門及員工，應該從大局出發，不定期傳遞和匯總不能及時出貨的相關信息，以備貨應急或調貨制亂。

四、應對進度異常

通過分析進度異常的原因，相關人員有針對性地採取應對措施進行整改，有效控制生產進度，具體如下表所示。

表 6-1-3　生產進度異常應對措施

異常項目	異常現象	應對對策
計劃不當 （應排未排）	影響生產及交貨	1.報告通知相關部門 2.依據交期管理制度處理
應生產而未生產	影響生產進度	1.生產看板體現出來 2.發異常報告通知相關部門 3.至少於排程日前三天作出具體反應
應完成而未完成 應入庫未入庫	影響出貨	1.生產看板反應 2.發現時即刻反映
補生產(尾數)	影響出貨	1.核查在製品狀況 2.發出新的生產命令

五、制程管理的改進策略

制程包括產品設計、生產進料、生產製造、品質核對總和成品包裝等內容,即原材料上線至成品包裝完成的整個生產製造過程。

制程管理,即在製品的品質管理和制程品質管理,在製造過程中,利用工程知識和數據統計,實現製造條件標準化,及時發現不符合規格的缺點並矯正,以確保製品品質,預防發生不良品。

制程管理需要通過相關作業人員的實際作業實現,相關作業人員的責任劃分,如表 6-1-4 所示。

表 6-1-4 制程管理的作業人員責任

作業人員	責任
作業員	設定開工生產條件,檢查第一件製品,查核生產條件,處置生產異常
班組長	覆核開工時的生產條件,監督生產管制情形,指示處置異常
工廠主管	查閱管制圖,判斷管制情況,追查原因,指示處置措施,覆核處置效果
品管員	覆核第一件製品檢查,覆核生產條件,抽試產品,繪製管制圖,填發異常通知單,調查處置結果
品質主管	管制測試儀器及測試方法,調配品管員,調查管制情形,報告品質問題

按照作業人員責任,可將制程管理作業人員分為 3 組,如表 6-1-5 所示。

表 6-1-5　制程管理作業人員分組

組別	責任說明
在線操作組	除在線操作，還需查視本身工作，發現變異，立即矯正。查核本身製品，能夠使用必要儀器及設備
線上品管檢驗組	負責第一次檢驗，巡廻檢驗，查找問題，提供檢驗記錄數據，並提示制程狀況，隨機抽檢制程使用物料品質
試驗組	擔任化學、物理及非破壞性試驗等工作，提供檢驗記錄數據及有關報告，校正和保養管理試驗儀器和設備

　　制程管理的常用檢查方法，如表 6-1-6 所示。

表 6-1-6　制程管理的常用檢查方式

檢查方式	說明
首件檢查	剛開機時或停機後再開時進行的檢查
自主檢查	作業員對自身作業進行的檢查
順序檢查	下道工序作業員檢查上道工序作業員的作業
巡廻檢查	由工廠管理人員或品管人員進行定時或不定時檢查
實驗室檢查	在線無法檢查的項目，可以轉至實驗室檢查
成品檢查	品管人員對成品進行的檢查

　　實施制程管理，應注意以下內容：
　　· 使作業人員充分瞭解作業標準及制程管理標準。
　　· 定期校正檢測儀器，以保證其準確性。
　　· 全部檢查首件並作記錄，經班組長確認合格後繼續生產。
　　· 巡廻檢驗員定時進行覆查，確保各項管制確實無誤。

- 品質主管、生產主管和工廠主管經常檢視制程管理的落實和執行情況。
- 記錄各種檢驗結果，並報告有關人員。
- 發生異常時應迅速聯絡有關人員，追查原因，及時矯正，妥善處理異常品，並提報處理結果。

🔊 第二節　交期管理制度的建立與推動

通過相應管理制度的約束和控制，確保產品交貨期。交期管理管理制度，主要包括產前有計劃、產中有控制、產後有總結和生產數據化等內容。

1. 生產前有計劃

產前計劃是投入生產之前所進行的各項工作安排、工作佈置和資源分配。主要包括生產訂單排序、生產日程安排、部門工作任務分配、人員配置、設備配置、物料供應計劃、技術資料及圖紙準備和生產場地規劃等內容。

產前計劃的分類，如表 6-2-1 所示。

表 6-2-1　產前計劃的分類

分類標準	分類
時間	年度計劃、月(季)度計劃、週計劃和日計劃
部門	生產部計劃、工廠計劃和班組計劃
內容	生產進度計劃、設備計劃和人員計劃

產前計劃必須在制訂、覆核、審批、發放、監控和修訂等方面加

強管理。生產計劃管理的內容，如表 6-2-2 所示。

表 6-2-2　生產計劃管理的內容

內容	說明
制訂	根據企業總體規劃、客戶訂單和銷售情況，制訂月生產排程，月生產排程包括訂單編排、生產時間、交貨日期和工序交接時間等內容
覆核	計劃制訂之後，需經生產經理覆核並與行銷部門、物料部門、生產工廠和客戶代表充分溝通，確保其可行性
審批	生產計劃覆核之後，需由生產副總審批，強化其嚴肅性和指令性
發放	生產計劃批准後，由行政部組織發放給生產部及所屬工廠、品質部、物控部、採購部、銷售部、財務部和倉庫等部門
監控	生產計劃發放之後，各個部門應立即執行，由生產副總或總經理監督。生產部所屬工廠的工作由生產部監督、跟蹤、統計和協調
修訂	計劃執行過程中，如果出現必要的生產插單或不可抗因素需要修改計劃的，由生產部參照生產計劃制訂程序進行

2.嚴中有控制

生產控制包括以下兩個方面的含義。

(1)生產監督與檢查

檢查和督導生產過程中的進度、品質、設備、材料、人員、作業方法和現場管理等問題，及時發現生產問題並儘快協調解決。生產監督與檢查的常用方法包括現場巡視檢查、生產進度日報、部門工作報告表和基層管理人員及員工生產情況彙報。實施生產監督與檢查，應注意以下內容：

‧ 各級管理人員應注重生產監督檢查對生產管理的重要作用。

‧ 定期、定時巡視檢查生產工廠。

· 工廠巡視檢查應目的明確,做好巡視記錄,及時向上級彙報。
· 對於重大問題,應立即召集有關人員就地解決。

(2)生產協調與控制

即以生產計劃為依據,通過統計數據分析和生產監控,積極預防和改善訂單生產問題以及可能出現的生產滯後、品質及材料等問題。生產協調的常用手段包括生產異動報表、生產協調會和協調通知單。

表 6-2-3　生產協調的主要內容

主要內容	說明
交期協調	因特殊原因協調交期
進度協調	更換不同產品或訂單的先後進度,協調同一產品不同工序間的進度
任務協調	協調部門之間的工作任務不平衡
產品協調	更換產品品種或增減產品數量
設備協調	協調設備使用時發生的衝突
物料協調	協調物料供貨期和物料品質,更換不合格物料
技術協調	協調某些不適合批量生產或不完善的技術,或者按客戶要求更改技術
品質協調	討論品質標準和達到品質標準的方法和手段
時間協調	因生產需要進行非常規的時間安排,例如加班和串休
人員協調	協調某些部門人員過剩或某些部門人員不足的情況

生產協調與控制工作應遵循以下基本要求:

· 各個工廠或工序出現的影響生產進度或產品品質的任何情況,必須第一時間上報生產部。問題嚴重的,應同時上報生產

　　副總或總經理。

·　生產部接到報告後應書面彙報，同時提出初步解決方案。

·　如需其他部門協助，應填寫《協調通知單》。

·　跟單員應深入現場瞭解訂單完成情況，對照計劃進行審查，並
　　及時彙報。

·　生產經理負責有關協調工作，全面處理生產異常問題。

·　對於生產問題的瞞報和漏報，以致於影響到生產進度和生產交
　　期，應追究有關部門及人員的責任，嚴肅處理。

　3.產後有總結

　　產後總結是生產計劃完成情況的全面歸納和評估。產後總結的分
類，如表 6-2-4 所示。

表 6-2-4　產後總結的分類

分類標準	分類
時間	年度總結、季總結、月總結和週總結
部門	各部門工作總結、各個工廠工作總結和各個班組工作總結
內容	訂單總結、生產線工作總結和單項工作總結

　　產後總結主要包括 3 個方面的內容：

　　(1)訂單總結。詳細總結生產過程中的物料成本、人員投入、品質
問題、技術問題、日產量和產品合格率。

　　(2)月計劃總結。詳細總結月計劃生產完成情況。

　　(3)部門工作總結。總結和分析部門的工作情況。

　　產後總結的目的是瞭解計劃完成情況，找出差距與不足，正確評
估工作進展，提供考核依據，為生產工作安排提供有關參數。

4.生產數據化

生產數據化管理要求生產數據報表完整，並根據這些報表及數據，應用數理統計的方法，判斷影響產品品質和完成期的因素，從中找出規律性。實施生產數據化管理的步驟，如表 6-2-5 所示。

表 6-2-5　實施生產數據化管理的步驟

步驟	說明
確定標準技術參數	根據相應標準，結合實際，確定各個工序的標準技術參數，包括原材料標準技術參數、產品分級和包裝標準技術參數、產品質檢標準技術參數和模具使用標準技術參數
數據統計	根據生產技術報表數據，按影響產品品質的主要項目進行抽樣統計和匯總。統計數據的範圍包括原材料採購到成品包裝的整個過程
數據分析及應用	根據產品生產流程和相關統計資料，按照相應的工廠、班組和工序，以生產報表中產品品質和進度指標，對比各個技術參數值，觀察產品品質和進度與各個參數值之間的變化規律，找出影響產品生產進度與品質的主要參數，應用數理統計分析方法，調整參數，尋求提高產品品質與生產進度的最佳組合，以指導生產

受外部市場需求和內部生產能力的影響，企業需要適時變更生產計劃，平衡需求、生產能力和庫存，保證生產的持續性，最大限度地降低成本。

第三節　產品交期控制規定

第1章　總則

第1條　目的

為遵守和客戶簽訂的交貨期，保質、保量、按時完成生產任務，特制定本規定。

第2條　適用範圍

本規定適用於對工廠生產產品交期控制管理的工作。

第3條　職責

生產現場交期的控制由生產部及工廠的計劃調度人員負責。

第2章　交期設定

第4條　銷售部依據「產能負荷分析」、「出貨日程表」、生產部意見、客戶需求等確定產品銷售交期。

第5條　生產部依據「排程原則」及「產能負荷分析」編制「生產計劃」，確定生產交期。

第6條　緊急訂單須先與相關部門協調後排定交期。

第7條　生產現場確定交期的重要內容就是編制產品出產進度計劃，其具體編制規範請參照「生產計劃編制規範」。

第3章　交期過程溝通與監督

第8條　在生產作業的過程中，班組長需時刻注意與相關人員進行溝通，並儘快獲得回饋，以便形成準確的判斷，及時做出正確的決策。

第9條　生產交期溝通流程如圖 6-3-1 所示。

圖 6-3-1 生產交期溝通流程示意圖

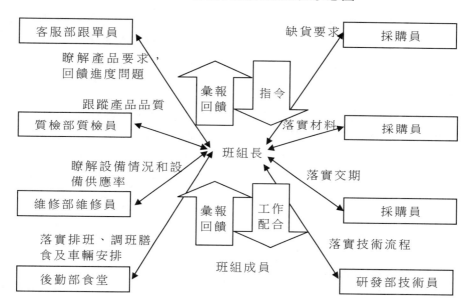

第 10 條 監督交期工作的原則

1. 提前計劃性。

2. 準確及時性。

3. 全面完整性,具備相關的跟蹤方法和記錄。

第 11 條 進度落後處理方法

1. 提升產能,必要時增加輪班,部份工作考慮委託外廠加工。

2. 調整出貨計劃。

3. 減少緊急訂單的插入。

4. 延長工作時間或於休假日調班。

第 4 章 交期的變更

第 12 條 交期變更的方式

1.訂單減少或生產計劃提前，導致交期提前。

2.訂單增加、中途插單、計劃延遲或計劃暫停，致交期延後。

2.生產作業計劃無期限擱置或訂單取消，導致交期取消。

第 13 條　生產工廠依據對交期異常的原因分析，採取相應的對策。

第 14 條　影響交期的責任部門或責任人向生產部經理呈報「延遲報告」，以便生產部與銷售部協調交期的修正事宜。

第 5 章　附則

第 15 條　本規定由生產部制定，解釋權、修改權歸生產部所有。

第 16 條　本規定經總經理審批後，自發佈之日起嚴格執行。

第四節　交期異常改善方案

(一)目的

為規範工廠的交期管理，合理處置交期異常（延遲或超前）現象，特制定本方案。

(二)適用範圍

本方案適用於工廠改善由於各類原因引起的交期異常（延遲或超前）現象。

(三)生產現場導致交期異常的原因分析

1.產品技術性變更頻繁。

2.物料計劃不佳。

2.工序、負荷計劃不完備。

3.工序作業者和現場督導者之間產生對立或溝通不順暢。

5.工序間負荷與能力不平衡，出現半成品積壓。

6.報告制度、日報系統不完善，因而無法掌握作業現場的實際情況。

7.人員管理不到位，紀律性差，缺勤人數多。

8.技術不成熟，品質管理欠缺，不良品多，致使進度滯後。

9.設備、工具管理不良，致使效率降低。

10.生產排程不合理或產品漏排，導致生產效率低或該生產的產品沒有生產。

11.現場督導者的管理能力不足。

12.其他原因。

(四)產品交期改善原則

1. 加強產銷配合

⑴建立產銷鏈結管理制度，明確產與銷的權限。

⑵確定緊急訂單的處理原則。

⑶督促管理與生產的密切配合。

2. 完善設計、技術變更規範，減少或消除臨時、隨意的變更。

3. 合理安排與控制制程

⑴產能管理與維持。

⑵建立制程過程異常處理機制。

4. 完善物料控制

⑴制訂科學合理的物料計劃。

⑵做好採購管理和供應商管理。

⑶加強倉儲管理，保證物賬一致。

5.完善品質管理制度

⑴不合格品的管理控制。

⑵外協品的品質管控。

6.建立及實施生產績效管理制度。

⑴人員出勤及作業績效評估分析。

⑵改善設備完好率、使用率。

⑶生產準備的工作簡化及縮短準備時間。

(五)生產部改善措施

1.提高現場主管、督導者的管理能力。

2.確定外協或外包政策。

3.縮短生產週期。

4.加強工序作業規範化，制定作業指導書等，確保品質。

5.加強教育培訓和人際溝通，提高作業者的工作意願。

(六)相關部門改善交期的方法

相關部門改善交期的方法如下表所示。

表 6-4-1　相關部門改善交期的方法說明

相關部門	影響交期的因素	改善方法
銷售部門	1. 頻繁變更訂單或計劃 2. 隨意答應客戶交期，導致期限極為緊迫 3. 無法把握客戶或市場需求，無法訂立明確的銷售預定計劃 4. 臨時增加或急需即刻完成的訂單多 5. 銷售主管直接干涉生產運作，直接在現場指示作業	1. 定期召開產銷協調會議，改善銷售、生產兩部門的關係，促進產銷一體化 2. 要求生產主管定期編制現有的訂貨餘額表、主要工程進度狀況表、餘力表及基準日程表，提供給銷售部門，以便依此決定最適當的交貨日期 3. 加強銷售部門人員培訓，提高工作技能和業務能力 4. 銷售部門應每月編 3～6 個月的需求預測表，作為生產部門制訂中期生產計劃的參考 5. 銷售人員對業務不熟，就無法和客戶商定訂單內容及要求，所以應制定產品成交說明或規範，使訂單接洽更有效率 6. 客戶在途中可能變更訂單的內容或要求，因此應在商談之初就提供明確的記錄，並讓客戶確認
研發設計部門	1. 出圖計劃拖後，後續工作的安排也跟著遲延 2. 圖紙不齊全，使材料、零件的準備存在缺失，影響交期 3. 突然更改設計，導致生產混亂 4. 小量試製還未完成，即開始批量投產	1. 編制設計工作的日程進度管理表，通過會議或日常督導控制進度 2. 質或量的內部能力不足時，應尋求其他途徑，如委託外部具有能力者 3. 當無法如期提供正式、齊全的設計圖紙或資料時，可預先編制初期制程需要的圖紙或資料，以便事先準備材料等，防止制程延遲 4. 審核設計圖紙或資料時應認真負責，儘量避免中途出現更改、修訂 5. 推進設計以及共用零件的標準化，減少設計的工作量 6. 設計工作的分工，應職責清晰、明確
採購部門	1. 所採購的材料或零件，滯後入庫 2. 材料品質不良或不均 3. 物料計劃不完善 4. 外協產品不良率高，數量不足	1. 進一步加強採購、外協管理，實行重點管理方式 2. 以統計方法調查供應商和外協廠商的不良品發生狀況，確定重點管控廠家 2. 對重點管理對象，採取具體有效的措施加以改善

第五節　產品交期縮短方案

(一)方案背景

縮短交期可以為工廠帶來以下好處。

1.縮短交期有利於增加一定時間的銷售額，從而增加效益。

2.以短交期報價，可在獲取訂單方面佔據有利形勢，提高工廠的競爭力。

3.可提高設備的運轉率，能使設備的折舊週轉加快，這對工廠的利潤計算方面是有好處的。

4.促使員工產生緊張感，提高工作效率。

(二)適用範圍

本方案適用於工廠交期縮短的相關工作事項。

(三)職責分工

工廠建立以籌劃縮短交期計劃為目的的項目小組，項目組長為生產總監，副組長為生產經理，成員包括各工廠主任或相關指定人員、採購部及設備管理部等相關部門人員等。

(四)交期現狀調查

1.調查對象

調查對象為生產作業的步驟，調查目前作業所需時間，主要包括以下內容。

⑴從接單到生產指令的發出過程。

⑵研發、設計過程。

⑶材料調配過程。

⑷加工生產過程。

⑸品質檢驗過程。

2.調查來源

各工作指令、加工路線單、工序票、看板和台賬等。

(五)生產現場縮短交期的方法

1.調整生產品種優先進行生產

對特定的品種優先安排生產，但這種優先要事先取得銷售部門的認可。

2.分批生產、同時生產

⑴同一訂單的生產數量分作幾批進行生產，首次的批量少些，以便儘快生產出來。

⑵用幾條流水線同時生產來達到縮短交期的目的。

3.短縮作業時間

縮短安排工作的時間，排除生產作業過程中浪費時間的因素，採用新技術提高加工速度以縮短作業時間。

(六)縮短作業時間的具體方法

工廠重點採用縮短作業時間的方法如下表所示。

表 6-5-1 縮短作業時間的具體方法說明

各作業時間段	具體縮短方法
從接單到生產指令發出	繪製流程圖，縮短的要點如下： 1.排除浪費時間 2.縮短停滯時間
研發設計時間	1.制定設計日程以進行進度管理 2.設計技術者不做本行業以外的工作 3.提高設計作業的速度(如規格化、CAD 使用、微型系統的採用等) 4.提高驗圖的速度 5.提高設計審查效率 6.品質檢查與情況回饋 7.排除無效設計作業
作業加工時間	1.縮短準備時間 2.縮短淨加工時間 3.排除生產加工以外的浪費時間(如手停、不良修正、機械故障、勞動災害等浪費的時間) 4.嚴格實施 5S 管理
品質檢查時間	1.完備品質檢查表單及報告 2.根據過去的實際狀況削減檢查項目

第 7 章

生產計劃的配套預測

🔊 第一節　生產人員配套需求的預測方案

(一)預測目的

　　為實現工廠既定生產任務目標,根據本工廠的發展戰略和發展規劃,採用適當的方法對本計劃期內所需生產人員數量進行預測,特制定本方案。

(二)預測內容

　　生產人員需求預測分為當前生產人員需求數量預測、未來生產人員需求預測和未來生產人員流失預測。

(三)預測實施人員

　　生產人員需求預測主要是由工廠的人力資源部負責,生產部提供資料,輔助人力資源部進行預測。具體職責如下所示。

1.生產總監
⑴生產總監審批生產部經理確定增加的崗位和人數。
⑵對人力資源部提交的生產人員需求預測提出修正意見。
2.人力資源總監
人力資源總監對人力資源部經理提交的生產人員需求預測結果提出修正意見，並審批人力資源部經理提交的《生產人員需求預測報告》及《生產人員招聘計劃》。
3.生產部經理
根據生產任務量的增加，計算出需增加的生產崗位和人數，上報生產總監審批後送交人力資源部。
4.人力資源部經理
⑴根據歷史統計數據，綜合考慮管理和技術等因素的變化，對本計劃期內離職的生產人員進行預測，並根據生產總監及人力資源總監的相關意見進行修正。
⑵根據當前生產人員需求、未來生產人員需求和未來生產人員流失預測，匯總得出生產人員整體需求預測，並撰寫《生產人員需求預測報告》及《生產人員招聘計劃》，報人力資源總監審批。
5.人力資源專員
據現有統計數據，對本計劃期內離職的生產人員進行統計。

(四)現實生產人員需求預測
生產部根據工廠既定的生產任務和生產規模，按效率與設備確定生產人員的需求數量。
1.按效率確定生產人員的需求數量
按效率確定生產人員的需求數量就是根據計劃規定的生產任務

和員工的效率（定額）來計算所需生產人員的數量。

　　計劃期的時間一般以年、月、日或輪班表示，生產人員的勞動效率即勞動定額，採用的形式和時間單位應同表示生產任務的形式和時間單位相一致。

2.按設備確定生產人員的需求數量

　　按設備確定生產人員需求數量就是根據設備數量和生產人員的看管定額來計算所需人數。

(五)未來生產人員需求預測
1.選擇預測法

　　生產人員預測法大致分為兩大類，即定性預測法和定量預測法，具體如下表所示。工廠人力資源部可以結合本廠的實際情況進行選擇。

表 7-1-1　生產人員預測方法一覽表

方法性質	方法名稱	方法說明及實施步驟
定性預測	現狀預測法	1.這是一種最簡便的預測方法，適用於短期的預測 2.這種方法是假定工廠的生產人員總數與結構完全能適應預期的需求，管理者只需安排適當的生產人員在適當的時間補缺即可，如替補晉升和跳槽
	經驗預測法	經驗預測法是各級管理人員根據過去的工作經驗和對未來業務量變動的估計，預測未來生產人員需求的一種方法。它分為「自下而上」和「自上而下」式 1.自下而上法 (1)工廠主任根據本工廠組織的情況，憑藉經驗預測出本工廠未來對生產人員的需求 (2)生產部向生產總監彙報預測結果

續表

定性預測	經驗 預測法	(3)生產總監把預測結果送交人力資源部，人力資源部通過判斷、預估，對生產人員的需求情況進行橫向和縱向的匯總，得出生產人員需求數量，並根據預測結果撰寫《生產人員需求預測報告》和《生產人員招聘計劃》，上報人力資源總監審批 (4)《生產人員需求預測報告》和《生產人員招聘計劃》經人力資源總監批准通過後正式公佈，作為生產人員配置計劃下達給各級生產管理者 2.自上而下法 (1)工廠總經理先擬訂《生產人員需求計劃》 (2)總經理將《生產人員需求計劃》下發到人力資源部，人力資源部再傳送至生產部 (3)生產部根據本部門的生產任務情況對計劃進行修正，並將修正信息及時回饋給人力資源部 (4)總經理根據回饋信息修正生產人員需求預測並正式公佈，將預測層層分解後作為生產人員配置計劃下達給生產部
	專家 預測法	專家預測法是利用專家的知識、經驗和綜合分析能力，對工廠未來的生產需求進行預測的一種方法。根據專家間是否有直接交流，專家預測法可分為「面對面」和「背對背」兩種方式 1.面對面 (1)工廠人力資源部負責事先將有關生產人員需求預測的背景資料分發給各位專家 (2)舉行會議，讓專家們自由交流觀點 (3)聽取各自觀點和理由後，專家們形成較一致的看法 (4)如果分歧較大，可考慮舉行第二次，甚至更多次的會議，最終使專家們的看法趨於一致 (5)根據專家觀點，人力資源部進行生產人員需求預測

續表

定性預測	專家預測法	2.背對背方式 ⑴人力資源部組織成立研究小組，將生產人員需求預測設計成若干問題 ⑵將生產人員需求預測的背景資料和問題發給各個專家，請專家回答 ⑶收回專家意見，統計、歸納結果，將整理好的結果以匿名形式回饋給各位專家 ⑷在此基礎上，專家進行新一輪的回答 ⑸重覆第　步和第　步，直到專家們的意見趨於一致 ⑹根據專家們的最終預測，匯總預測結果
	現狀規劃法	人力資源部分析本工廠當前的生產人員狀況，確認是否需要較大的變動（如無較大變動，繼續下一步；如有較大變動，換用其他方法預測） 1.準確預測出退休生產人員數量 2.大致預測出因辭職、辭退、重病等原因離開崗位的生產人員數量 3.局部是否有較小的崗位變化，如有，預測需要變動的生產人員數量 4.用變動的生產人員數量對第 2、3 步離開崗位的人員總和進行修正後，得到的生產人員數量即是未來的生產人員需求數量
	描述法	人力資源部對本計劃期內工廠發展目標和相關因素進行假定性描述、分析、綜合，給出多種備選方案，從而預測生產人員需求量，具體步驟如下所述 1.明確工廠生產目標，並對影響生產人員需求的各個因素進行假定描述和分析 2.預測在每種特定環境和條件下對於生產人員的需求，形成多個方案 3.綜合分析，得出預測結果

續表

定量預測	工作研究預測法	工作研究預測法是在掌握各個生產崗位的工作內容和職責範圍的基礎上，根據需要完成的生產工作量，預測需要的生產人員。其步驟如下所述 1.進行生產崗位分析 2.根據工廠生產目標確定各工廠的生產工作量 3.結合崗位分析和生產工作量預測生產人員需求量
	盤點法	盤點法是對現有的生產人員數量、品質、結構進行核查，掌握目前擁有的生產人員狀況，對短期內生產人員需求做出預測 1.設計人事登記表 2.在日常生產人員管理中做好記錄工作 3.定期核查現有生產人員狀況 4.預測本計劃期內的生產人員需求情況
	相關因素預測法	相關因素預測法是指找出影響生產人員市場供給的各種因素，分析這些因素對生產勞動力市場變化的影響程度，預測未來勞動力市場的發展趨勢 1.分析那些因素是影響生產勞動力市場供給的主要因素，並選擇相關因素 2.根據相關統計歷史數據，找出相關因素與勞動力供給的數量關係 3.預測相關因素的未來值 4.預測生產勞動力供給的未來值

2.進行預測

(1)生產部根據增加的生產工作量，綜合考慮管理和技術等因素的變化，確定需增加的生產崗位和生產人員數量。

(2)人力資源部對計劃期內的生產人員需求總數做出初步預測後，根據過去五年的歷史數據計算出生產管理人員和生產人員之間的

人員比例，並據此確定生產管理人員在計劃期內需增加的數量。

⑶匯總所得預測的生產管理人員數量與生產人員數量，得出生產人員總需求量。

(六)未來生產人員流失預測

1. 根據現有人員的統計數據，對預測期內離職的生產人員進行統計。

2. 根據歷史數據，對未來可能發生的生產人員離職情況進行預測。

3. 將上述兩項預測數據進行匯總，得出未來流失生產人員數量。

4. 完成未來生產人員流失預測後，人力資源部應將相關預測結果填入《未來生產人員流失預測表》內。

(七)生產人員整體需求預測

1. 人力資源部應根據當前生產人員需求、未來生產人員需求和未來流失生產人員數量，匯總得出本工廠生產人員整體需求結果。

2. 人力資源部應將工廠生產人員整體需求預測結果填入《生產人員需求預測表》內。

3. 人力資源部負責撰寫《生產人員需求預測報告》、編制《生產人員招聘計劃》，提交人力資源總監審批，並於審批通過後開始實施招聘計劃。

第二節　物料配套需求的預測方案

(一)術語界定

1.淨原材料消耗

淨原材料消耗是產品生產過程中構成產品淨重的原材料消耗，屬於有效消耗量。這部份消耗反映了產品設計的技術水準。

2.技術消耗定額

⑴技術消耗定額由淨原材料消耗和技術性損耗兩部份構成。

⑵技術消耗是指在生產技術過程中因材料的原有形狀和性能改變而產生的一些不可避免的材料損耗，如機械加工中的下料、切削加工的廢屑、邊角餘料等。這部份消耗屬於生產技術過程中不可避免的損耗，消耗的高低由工廠技術水準決定。

3.非技術損耗定額與原材料供應係數

⑴非技術損耗定額指淨原材料消耗和技術性消耗以外的材料消耗。

⑵非技術損耗定額包括生產過程中產生的非技術性損耗和流通過程中產生的非技術性損耗。

⑶非技術損耗定額主要是由於生產技術水準低、管理組織工作不善、材料供應不符合要求和其他人為因素造成的超過合理材料損耗界限的那一部份損耗。

⑷原材料供應係數是指單位產品的非技術消耗定額佔單位產品技術消耗定額的比例。原材料供應係數一般是根據經驗和供應條件分析確定的。

4.原材料消耗定額

原材料消耗定額指在一定的生產技術和生產組織的條件下,為生產單位產品合理地消耗材料的標準數量。

(二)選擇物料消耗定額方法

物料消耗定額是按主要原材料、輔助材料、燃料、工具等分類逐項制定。制定方法有四種,如下所示。

1.經驗估算法

經驗估算法是根據技術、技術人員及生產工人的實際經驗,結合參考有關技術文件和產品實物,考慮計劃期內的生產技術組織條件等因素,通過估算制定物資消耗定額。

2.統計分析法

⑴統計分析法是根據對實際消耗的歷年統計資料進行加工分析研究,並考慮計劃期內生產技術和生產條件的變化等因素,經過對比、分析、計算制定出物料消耗定額。

⑵在統計資料比較齊全的情況下,一般都可以採用統計分析法。

3.實際測定法

⑴實際測定法又稱現場寫實法或寫實查定法,是運用現場秤(重量)、量(尺寸)和計算等方式,對一線工人操作時的物料實耗數量進行測定,通過分析研究制定物料消耗定額。

⑵實際測定法的優點在於切實可靠,能消除某些不合理消耗產生的因素,但它受一定生產技術條件和測定人員以及一線操作工人水準的限制,可能會影響定額的精確程度。

4.技術分析法

技術分析法又稱技術計算法,是按照構成定額的組成部份和影響

定額的各種因素，如產品設計結構、配方、技術要求、所用設備、原材料品質以及一線操作人員的技術水準和熟練程度等，通過科學分析和技術計算制定物料消耗定額。

(三)制定原材料消耗定額
1.淨材料消耗
單位產品淨材料消耗＝單位產品淨重

2.技術消耗定額
單位產品技術消耗定額＝單位產品淨重＋各種技術性消耗的重量

3.原材料供應係數
原材料供應係數＝單位產品非技術性消耗定額／技術消耗定額

4.原材料消耗定額
單位產品原材料消耗定額＝單位產品技術消耗定額×

(1＋原材料供應係數)

5.某種原材料需求量
某種原材料需求量＝預測生產總量×原材料消耗定額

－某種原材料計劃回收可用數量

(四)制定輔助材料消耗定額
1.按單位產品制定
凡消耗量與產品產量成比例的輔助材料，可按單位產品來計算，如包裝箱、包裝紙等。

2.按工作量制定
凡消耗數量與工作量成比例增減的輔助材料，可按單位工作量制定定額，如按單位面積制定油漆的消耗定額。

3.按設備開動時間制定

凡消耗數量與設備開動時間成比例增減的輔助材料（如機床潤滑油等），可按設備開動台班或台時確定定額。

4.按工種制定

對於那些按工種發放的物資（如工作保護用品等），可按工種分別確定定額。

5.按主要原材料消耗定額的比例制定

凡消耗量與主要原材料成比例的輔助材料（如型砂、淨料等），按主要原材料消耗定額的比例確定定額。

(五)制定燃料消耗定額
1.動力用燃料消耗定額的制定

動力用燃料消耗定額一般是以發 1 度電、生產 1 立方米壓縮空氣或生產 1 噸蒸汽所需燃料為標準來制定的。

2.技術用燃料消耗定額的制定

主要是以加工 1 噸產品或生產 1 噸中間製成品，如以合格鑄造件所需燃料為標準來制定。

3.取暖燃料消耗定額的制定

通常按每個火爐或單位受熱面積來制定。

(六)匯總結果

生產計劃主管負責匯總每種物料的消耗預測數量，並根據預測結果編制《物料需求計劃》。

第三節　生產設備配套需求的預測方案

(一)預測目的

提高生產設備預測管理水準，保證設備能夠及時供應，確保生產任務順利完成。

(二)確定生產設備預測實施人員

1.生產總監

審核生產部提交的《生產設備預測方案》及《生產設備年度預測報告》，並提出修改意見。

2.生產部經理

審核生產計劃主管提交的《生產設備預測方案》及《生產設備年度預測報告》，提出相應的修改意見，加以完善，並上交生產總監審核。

3.生產計劃主管

⑴組織生產設備預測，並負責本方案的編寫及生產設備預測任務的分配工作。

⑵負責生產設備預測數據的收集、匯總及統計工作。

⑶撰寫《生產設備年度預測報告》。

4.工廠主任

輔助生產計劃主管進行數據的收集工作，包括預估本工廠生產單位產品的設備定額台時，並計算相應的定額改進係數及單台設備的有效台時。

(三)生產設備預測實施步驟

1. 測算出完成本年度總產量所需的總台時

用台時數表示年度總產量時，應將實物量按單位產品定額台時換算成預測定額總台時，計算公式如下所示。

預測定額總台時數＝∑（預測產品產量×單位產品定額台時）

×定額改進係數

其中，定額改進係數指本年度預估的定額台時佔現行定額台時的百分比，計算公式如下所示。

定額改進係數＝（預測年度估計新定額台時/現行定額台時）×100%

2. 計算單台設備的年度有效台時

單台設備的年度有效台時計算公式如下所示。

單台設備的年度有效台時＝（全年工作日數－維修保養停工日數）×

每日開工班次×每台班工作台時數

3. 計算生產設備的多餘或不足量

生產設備的總需要量＝預測定額總台時/單台設備的全年有效台時

某種生產設備多餘或不足數量＝某種設備現有數量－某種生產設備

預計需要量

4. 生產計劃主管匯總各種生產設備需求量

編制《生產設備年度預測報告》，匯總出每種生產設備的需求數量。

第四節　產品研發配套需求的預測方案

(一)預測目的

1. 加強工廠對產品研發預測的有效實施，得出比較準確的預測結果。

2. 為工廠制訂產品研發計劃提供依據。

(二)產品研發預測實施組織

表 7-4-1　產品研發預測小組的職位及工作職責

成員	職位	職責
技術總監	組長	1. 組織成立產品研發預測小組，對產品研發預測小組成員進行任務分配和協調管理 2. 對《產品研發預測方案》進行初步審核
研發部經理	副組長	1. 組織小組成員討論確定研發目標，並擬定《產品研發預測方案》 2. 編寫《產品研發預測報告》 3. 制訂《產品研發計劃》，並提交技術總監審核、總經理審批
市場部經理	成員	1. 負責本行業新產品市場需求預測工作 2. 選擇合適的預測方法
市場專員	成員	收集本工廠和競爭者歷年產品市場佔有率的數據，並進行統計分析
銷售部經理	成員	分析工廠銷售情況，對新產品銷售做出預測分析
銷售專員	成員	在產品銷售過程中，及時瞭解客戶對現有產品的不滿之處，並進行記錄，為新產品研發提供依據
技術主管	成員	搜集並整理行業及產品技術資料，預測產品技術發展趨勢

1. 技術總監組織成立產品研發預測小組，成員包括市場部、銷售部、技術部及生產部等相關人員。

2. 產品研發預測小組相關成員的職位及工作職責如表 7-4-1。

(三)實施產品研發預測
1. 明確新產品研發預測目標

新產品研發預測基於以下兩個目標。

(1)使工廠新產品研發跟上市場變化的需要，避免被淘汰。隨著消費者生活水準的提高、消費習慣的不斷變化，產品的升級換代及更新速度也隨之加快，工廠要想讓其產品符合消費者不斷變化的需求，就必須進行新產品研發預測，做好應對工作。

(2)有效安排工廠的產品研發計劃，提高研發工作效率。通過新產品研發預測，可以大體估算出工廠研發部在未來一段時間內的研發任務量，並以此為依據編制研發計劃，使工廠的研發任務能夠在規定的時間內完成，從而提高研發工作的效率。

2. 搜集資料

進行新產品研發預測時，需要搜集相關的資料，尤其是本行業產品的市場發展趨勢資料，主要包括以下三方面。

(1)跟蹤瞭解國內外市場上本行業產品的發展趨勢，為新產品研發預測提供趨勢分析報告。

(2)從銷售部、客服部獲取消費者對產品提出的創新建議，並編寫創新分析報告。

(3)搜集、整理有關本行業新技術的資料。

3. 進行預測

(1)資料收集完畢，選定預測方法後正式開始預測工作。

⑵預測內容包括本行業的各種新產品需求預測、本工廠各種新產品需求預測等。

⑶預測結果出來後，根據預測精度要求進行偏差分析、修正模型和繼續預測，最終編寫《新產品研發預測報告》，並根據《新產品研發預測報告》編寫《產品研發計劃》。

第五節　生產計劃的編制管理

第 1 章　總則

第 1 條　編制目的

為規範生產計劃的編制工作，確保按時、按質、保量向客戶交付產品，特制定本制度。

第 2 條　適用範圍

本制度適用於工廠生產計劃的編制與管理。

第 2 章　生產計劃編制原則

第 3 條　滿足客戶需求原則

滿足客戶在品種、數量、時間等方面需求的同時，努力提高產品產量及收益，保持一定的收入增長率和市場佔有率。

第 4 條　降低生產成本原則

充分利用生產能力，降低生產和庫存成本，使生產和庫存成本之和最小，即費用和損失最小。生產計劃編制應考慮的成本項目主要有如下六項。

1. 正常生產成本，指正常生產狀態下單位產品成本，包括直接人工、直接材料、製造費用等。

2.加班成本,指為臨時提高產量而增加工作班次所發生的成本,如加班費及相應的附加費。

3.轉包成本,指在生產能力緊張時,將部份任務轉包給相關廠商所增加的外協費用以及相關的成本。

4.庫存成本,指為訂購、保存貨物以及庫存產品所發生的成本,如訂貨費、運輸費、保管費、物品損失費用等。

5.缺貨成本,指由於缺貨而造成的損失,主要為缺貨造成的收益減少,或者延遲交貨造成的損失。

6.人工成本,指南於生產計劃變更引起的人員增加或減少所需的費用,如解僱員工的費用、僱傭人工的費用和培訓費用等。

第 5 條　均衡生產原則

均衡生產原則是指使單位時間(月、日)的產品產量相對穩定,以利於生產過程的組織、人力安排、品質控制等,減少改變生產計劃造成的損失,如加班費用、閒置生產能力損失等。

第 3 章　權責分配

第 6 條　總經理負責生產計劃的審批工作,並對生產工作進行監督和指導。

第 7 條　生產總監負責年度生產任務的確定、生產計劃指標和生產計劃的審核工作。

第 8 條　生產部經理負責組織生產計劃指標和生產計劃草案的編制工作。

第 9 條　生產部相關人員負責資料的收集、生產能力的核定、生產計劃指標的確定和生產計劃的編制工作。

第 4 章　生產計劃指標的編制

第 10 條　生產計劃指標主要包括產品品種指標、產品品質指

標、產品產量指標和產品產值指標。

第 11 條　產品品種指標

產品品種指標是指工廠在計劃期內生產的產品品名和品種數，其不僅反映了工廠在產品品種方面滿足市場需求的程度，也反映了工廠的生產技術水準和管理水準。

第 12 條　產品品質指標

產品品質指標是指生產部在計劃期內提高產品品質應達到的指標，常用的品質指標有產品品級指標，如合格品率、一等品率、優質品率等。

第 13 條　產品產量指標

產品產量指標是指工廠在計劃期內生產的符合品質標準的產品數量，一般以實物單位計量。例如，汽車以「輛」表示，機床以「台」表示，電動機用「台/千瓦」表示等。

第 14 條　產品產值指標

產品產值指標是指用貨幣表示產量的指標，分為商品產值、總產值及淨產值三種。

1. 商品產值

⑴商品產值是指以價值形式表示的工廠生產的可供銷售的產品和工業勞務的價值，一般用現行價格進行計算。

⑵商品產值＝自備原材料生產的成品價值＋外銷半成品價值＋用訂貨者來料生產產品的加工價值＋對外承做的工業性勞務價值。

2. 總產值

⑴總產值是指用貨幣表現的工廠在計劃期內應該完成的產品和勞務總量，其反映了工廠在計劃期內生產的總規模和總水準。

⑵總產值＝商品產值＋（期末在製品、半成品、自製工具、模型

工具的價值－期初在製品、半成品、自製工具、模型工具的價值）＋訂貨者來料的價值。

3.淨產值

淨產值表明工廠在計劃期內新創造的價值,其計算方法包括生產法和分配法兩種。

⑴生產法:淨產值＝總產值－各種物資消耗的價值。

⑵分配法:淨產值＝薪資＋稅金＋利潤＋利息＋其他屬於國家收入初次分配性質的費用支出。

第 5 章　生產計劃草案的編制

第 15 條　明確年度生產任務

1.生產總監根據年度經營目標確定年度生產目標。

2.生產部經理負責組織人員編制生產計劃草案。

第 16 條　收集生產資料和信息

生產計劃主管負責收集生產資料和相關信息,主要包括以下八個方面的內容。

1.有關政策和法規。

2.工廠長期發展戰略與規劃。

3.國內外的產品市場調查與預測的資料。

4.計劃期內產品的預測銷量、長期合約的執行情況。

5.技術部提交的計劃期內新產品試產計劃。

6.倉儲部提交的成品庫存及原料庫存報告。

7.生產現場的統計資料。

8.產品的試製、物資供應、設備檢查、勞力調配等資料。

第 17 條　核定生產能力

1.生產部負責收集生產設備產能情況和市場需求信息。

2.生產部根據市場需求信息和以往生產數據核定工廠生產能力。

第 18 條　初步擬定生產計劃指標

生產部初步擬定生產計劃指標,經生產部經理審核後提交生產總監審核和總經理審批。

第 19 條　綜合平衡生產計劃指標

最佳生產計劃指標的確定需要進行綜合平衡。

1.生產指標與生產能力之間的平衡主要通過設備生產能力與品種產量指標的比較來確定。

2.生產指標與生產技術準備能力、勞力、物資供應之間的平衡

⑴生產任務大於生產技術準備能力時,需要採取措施來壓縮生產技術準備週期。

⑵出現物資缺口時,應採取措施力求同品種產量指標平衡,或在勞力方面測算現有勞力數量、工作生產率水準與各個季、各個基本生產工廠的生產任務是否相適應。

⑶勞力不足時,可採用改進勞動組織、壓縮工時定額以及工廠之間內部調劑等措施來解決。

3.生產指標和利潤、成本、資金指標之間的平衡

目標成本不能保證目標利潤時,要增加適銷對路的產品,以增加銷量,保證工廠的利潤目標。

第 20 條　編制生產計劃草案

生產部根據確定的生產計劃指標初步編制生產計劃草案,並組織銷售部、倉儲部、採購部、技術部等相關部門對生產計劃草案進行試算和綜合平衡。

第 6 章　修訂和評估生產計劃草案

第 21 條　修訂生產計劃草案應考慮的因素

1. 現有庫存量能滿足生產的部門不列入計劃。

2. 確定適當的批量區和間隔區，保證生產計劃的經濟性。

3. 檢查生產設備的負荷量是否會劇烈波動、是否已超過其極限或低於其生產能力。

4. 生產計劃草案涉及的內容、概念必須具體化。

第 22 條　綜合平衡、評估生產計劃草案

1. 生產部召集相關部門對生產計劃草案進行綜合平衡或評估。

2. 平衡、評估生產計劃草案時應考慮以下五個方面平衡度。

⑴生產計劃與生產能力的平衡度。

⑵生產計劃與勞力的平衡度。

⑶生產計劃與物料供應的平衡度。

⑷生產計劃與生產技術準備的平衡度。

第 7 章　生產計劃的確認與實施

第 23 條　生產計劃的審核、審批

生產部將初步修訂的生產計劃草案報送生產部經理、生產總監審核，總經理審批。

第 24 條　生產計劃的實施

生產部負責將審核批准的生產計劃及時下發給相關部門，並監督生產計劃的落實情況。

第六節　綜合生產計劃的編制方案

(一)編制目的

1. 綜合生產計劃在生產計劃體系中起承上啟下的作用。

2. 綜合生產計劃為制訂主生產計劃、物料需求計劃和生產作業計劃提供依據。

(二)術語界定

1. 綜合生產計劃是按產品或服務類確定的中期計劃，是根據市場需求和生產能力約束，確定生產率、勞力水準和庫存水準的最佳組合。

2. 生產率是指單位時間生產的產品數量。

3. 勞力水準是指生產所需員工數。

(三)編制週期

1. 綜合生產計劃的編制應視產品的生產週期而定，一般為 3～18 個月。

2. 綜合生產計劃應根據市場需求與生產能力的變化，每兩個月更新一次。

(四)編制依據

1. 工廠現有庫存量和所需的庫存成本。

2. 下一年度工廠產品的生產成本和銷售價格。

3. 銷售部核定出來的下一年度各期的需求量。

(五)編制方法

綜合生產計劃採用滾動式計劃方法進行編制,具體編制方法如下所示。

1. 把整個計劃期分為幾個時間段,其中第一個時間段的計劃為執行計劃,後幾個時間段的計劃為預計計劃。

2. 執行計劃較具體,要求按計劃實施;預計計劃比較粗略。

3. 經過一個時間段,根據執行計劃的實施情況以及工廠內、外條件的變化,對原來的預計計劃做出調整與修改,原預計計劃中第一個時間段的計劃就變成了執行計劃。

4. 修訂計劃的間隔時間稱為滾動期,等於執行計劃的計劃期。滾動計劃的時間段可分為年、季、月等時間間隔。工廠滾動式計劃方法編制樣例如下圖所示。

圖 7-6-1　工廠生產滾動式計劃

	執行計劃		預計計劃		
1	2 月	3 月	4 月	5 月	6 月
2	3 月	4 月	5 月	6 月	7 月
3	4 月	5 月	6 月	7 月	8 月

圖中滾動期為 5 個月,時間段為 1 個月,即 1 月編 2 月、3 月、4 月、5 月、6 月的計劃,2 月編 3 月、4 月、5 月、6 月、7 月的計劃,1 月編的 4 月、5 月、6 月計劃和 2 月編的 5 月、6 月、7 月計劃

是預計計劃。在一個滾動期內，執行計劃和預計計劃為多長時間應視工廠的具體情況而確定。

(六)編制程序

1.成立綜合計劃編制小組

⑴生產總監組織成立綜合計劃編制小組。

⑵綜合計劃編制小組由生產總監擔任組長，小組成員一般由生產部經理、生產計劃主管和其他部門相關人員組成。

2.收集相關資料

⑴收集工廠生產計劃完成情況。

⑵市場、經濟和技術等生產條件的變化情況。

⑶各期需求和生產能力。

⑷編制綜合生產計劃需要收集的資料清單，如下表所示。

表 7-6-1　編制綜合生產計劃需要準備的資料清單

	1 月	2 月	3 月	4 月	5 月	6 月	合計
需求預測							
工作天數							
成本	材料成本			____元/件			
	庫存成本			____元/件·月			
	缺貨成本			____元/件·月			
	分包邊際成本			____元			
	招聘與培訓成本			____元/人			
	解聘費用			____元人			
	單位產品加工時間			____小時/件			
	正常人工成本(每天 8 小時)			____元/小時			
	加班人工成本			____元/小時			
庫存	期初庫存			____件			
	安全庫存			月需求預測量的____%			

3.確定計劃期內的市場需求

⑴需求信息來源包括現有訂單、市場需求預測和未來的庫存計劃。

⑵一些指令性計劃或指導性計劃。

⑶影響需求變化的因素包括定價、促銷和待發貨訂單等。

4.試算平衡階段

根據市場需求變化和整體計劃指標，結合年度計劃任務進行討論，確定正常時間、加班時間、轉包合約、持有存貨、延遲交貨和臨時解聘等情況的成本和其他相關成本，規劃可供選擇的綜合生產計劃草案，並將計算出來的成本提交總經理審批。

⑴計算工廠的生產能力

①基本生產部門之間的能力平衡。

②基本生產部門和輔助生產部門的能力平衡。

⑵生產任務與生產能力的平衡

①以實物為單位進行生產任務和生產能力的比較。

②以台時為單位進行比較。

$$T_j = \sum_{i=1}^{n} \frac{Q_i}{1-r_i} \cdot t_{ij}$$

其中：T_j 代表 j 設備組生產任務所需台時，Q_i 代表 i 產品計劃產量，t_{ij} 代表 i 產品在 j 設備組加工的台時消耗定額，r_i 代表 i 產品廢品率，n 代表品種數。

5.編制綜合生產計劃草案

(1)確定生產能力策略

①均衡策略。均衡策略是一種恒定的生產能力策略，生產量保持

不變。需求量小於生產量時,生產剩餘部份以庫存形式存儲,增加存儲費用;需求量大於生產量時,部份需求將得不到滿足,增加缺貨費用。

　　②跟蹤策略。跟蹤策略是一種跟隨需求變化的生產能力策略。生產量等於需求量,沒有存貨,所需勞力將隨需求的變化而變化;需求大於生產能力時,採取加班或外包方式增加生產能力。

　　(2)根據生產能力策略,編制綜合生產計劃草案。

　　綜合計劃編制小組根據銷售計劃、年度預算編制綜合生產計劃草案,並報送總經理審批。綜合生產計劃草案的樣例如下表所示。

表 7-6-2　　××部門綜合生產計劃備選草案

成本	每年工作天數	工作小時數 員工數×天數×8小時	薪資 全職___元 兼職___元	額外福利 佔全職薪資的___% 佔兼職薪資的___%	管理費用 佔全職薪資的__% 佔兼職薪資的__%
___個固定全職員工	250				
___個兼職員工	250				
總成本					
備註:保持___個全職員工,淡季安排全年任務計劃,繼續使用___個兼職員工,以滿足高峰期需求					

6.評估綜合生產計劃草案

⑴明確生產成本。生產成本主要由五類組成，如下表所示。

表 7-6-3　生產成本構成表

名稱	含義
正常成本	在正常穩定的生產狀況下，單位產品的生產成本主要包括直接材料、直接人工和製造費用。可根據是否隨產量變化的性質將其劃分為可變成本和固定成本
加班成本	通過增加勞動時間提高生產能力而產生的成本，隨加班時間和生產率增加而呈指數曲線狀急劇上升，即加班時間越長、次數越多，加班成本的支出上升越快
外協成本	外協成本包括自製改為外協時，需支付的外協加工費和外協管理費等。對於短期的臨時外協加工，其加工費可能大大高於工廠的正常生產成本
庫存成本	庫存成本包括訂貨成本和存儲成本，訂貨成本隨批量的增加而減少，而存儲成本隨批量的增加而增加，庫存成本的增加或減少不僅指產品庫存成本，還包括相應原材料的庫存成本
解聘費用	解聘費用包括解聘面談費用、解聘補償以及培訓費用的投入等

⑵選擇綜合生產計劃評估方法。評估綜合生產計劃草案的方法有經驗法、試演算法、線性規劃法和運輸表法等方法。具體如下表所示。

表 7-6-4　綜合生產計劃評估方法一覽表

名稱	含義
經驗法	經驗法是管理者根據過去的統計分析資料來評估綜合生產計劃
試演算法	試演算法是通過比較不同計劃方案成本來獲得最佳計劃
線性規劃模型法	線性規劃模型法是以成本最小化或利潤最大化為目標，在資源有限的情況下進行資源分配，以獲得最佳的資源分配方案。一般線性規劃模型由四部份組成：變數、目標函數、約束條件和變數非負限制
運輸表法	運輸表法是線性規劃的一種特殊形式，處理的問題相對比較簡單、直觀，操作起來簡便易行。運輸表法的基本假設是每一個計劃期內正常生產能力、加班生產能力以及外協量均有一定限制，每一個計劃期的預測需求量是已知的，全部成本都與產量呈線性關係 運輸表法的操作步驟如下： 1. 將有關生產能力、需求以及成本的數據填入運輸表中 2. 在線性規劃中要求供給與需求相等，為滿足這一條件，可列出「未用生產能力」一列，如果未用生產能力沒有額外的成本，各單元成本為零 3. 在第一列(即第一單元計劃期)尋找成本最低的單元，盡可能將生產任務分配到該單元，但不能超出單元所在行的生產能力和該所在列的需求 4. 如果該列仍有需求未被滿足，重覆步驟 3，直至需求全部滿足 5. 在其後的各單位計劃期重覆步驟 3、步驟 4，注意在完成一列後再繼續下一列 6. 使用原則：一行各單元計入量的綜合值應等於該行的總生產能力，而一列內各單元計入的綜合值應等於該列的需求

7. 制訂綜合生產計劃

綜合生產計劃草案經總經理審批後，經過反覆商討和綜合平衡，比較不同計劃方案的成本，確定一個成本最低的綜合生產計劃。綜合生產計劃表的樣例如下表所示。

表 7-6-5　綜合生產計劃表

使用部門：　　　　　　　　　　　　　　　　計劃時間：

產品	當前庫存	單價	庫存量	估計日銷量	可銷售日數	經濟產量	每日產量	需生產日數	預定生產日程			
									自	至	日數	產量
合計												

第七節　生產計劃的排序管理

(一)生產排序的定義與任務

1.生產排序的定義

確定工件的加工順序。確定每台機械加工每個工件的開工時間和完工時間。

2.生產排序的任務

確定訂單執行的順序。分配訂單、機器、人員到工作中心或其他特定地點。

(二)生產排序的原則

1.最小臨界比。臨界比是工作允許停留時間和工件餘下加工時間的比值。

2.先到先服務。根據任務到達的先後次序安排加工順序，先到先

加工。

3.最早交貨期。按照交貨期從早到晚進行排序，優先安排完工期限最緊的任務。

4.最短加工時間。將加工時間由短到長進行排序，優先選擇加工時間最短的任務。

5.最短鬆弛時間。根據鬆弛時間由短到長進行排序。所謂鬆弛時間，是指當前時點距離交貨期的剩餘時間與該項任務的加工時間之差。

(三)生產排序的一般假設

1.一個工件不能同時在幾台設備上進行加工。

2.工件的加工時間是確定的，且與投產的順序無關。

3.工件的技術過程都是確定的，一種工件不能同時有多種加工技術。

4.每台設備同時只能加工一個工件、勝任一道工序，不能適應多種工序的加工。

5.工件加工不允許中斷，也不允許中途插入其他工作，必須把該工件加工完成後才能安排其他工件的加工。

(四)生產排序的方法

1.詹森法

這是一種適用於 n/2/P/F$_{max}$ 排序問題的靜態排序方法。詹森法的目標是要求得到全組零件最短生產週期的生產進度表，具體步驟如下所示。

(1)列出零件組的工序矩陣。

⑵在工序矩陣中選出加工時間最短的工序。如果該工序屬於第 1 工序，則將該工序所屬工件排在前面，反之，最小工序是第 2 工序，則將該工序所屬工件擺在後面，若最小工序有多個，可任選其中一個。

⑶將已排序的工件從工序矩陣中除去。

⑷繼續按步驟⑴⑵⑶進行排序，若所有工件都已排定投產順序，排序即完成。

2.關鍵工序法

關鍵工序法是經驗和邏輯的結合，其工作步驟如下所述。

⑴按工序匯總各零件的加工工作量，定義加工工作量最大的工序為關鍵工序。

⑵比較各零件首尾兩道工序的大小，把全部零件分成三組。首小於尾，分在第一組；首等於尾，分在第二組；首大於尾，分在第三組。

⑶分別對組內零件進行排序。

①第一組：每一零件分別將關鍵工序前的各工序相加，根據相加後的數值按遞增序列排隊。

②第三組：每一零件分別將關鍵工序之後的工序相加，根據相加後的數值按遞減序列排隊。

③第二組：當第一組的零件數少於第三組時，本組零件按第一組的規則排列；當第三組的零件數少於第一組時，本組零件按第三組的規則排列。

⑷全部零件的排序為第一組排在最前，第二組排在中間，第三組排在最後。

(五)生產排序評價標準

1. 工作流程時間。從工件可以開始加工(不一定是實際開始時間)

至完工的時間，包括在各個機器之間的移動時間、等待時間、加工時間以及由於機器故障、部件無法得到等問題引起的延遲時間。

2.全部完工時間。完成一組工件所需的全部時間，從第一個工件在第一台機器開始加工時算起，到最後一個工件在最後一台機器上完成加工時為止所用的全部時間。

3.延遲時間。可以用比預定完工時間延遲時間的長短來表示，也可以用未按預定時間完工的工件數佔總工件數的百分比來表示。

4.在製品庫存量。在製品是指在生產過程中，工件從一個工作地轉向另一個工作地，南於某些原因被拖延，在加工線上或放置於零件庫內的所有制品。在製品庫存的度量標準主要是指在製品的數量和在製品的貨幣價值。

第八節　生產排序的實施步驟

1.核實物料需求計劃信息

生產計劃員核實物料需求計劃產生的計劃清單。

2.對生產排程計劃進行調整和完善

生產計劃員依物料狀況、產能負荷及各部門的回饋信息對生產排程計劃進行調整和完善，並編制正式的生產排程計劃。

3.生產通知單的製作和傳達

(1)生產排程計劃公佈後，生產計劃員應依據產品類別、投產及完成時間將其分解細化為針對各部門的具體生產任務，於每週二制訂 1 週至 10 天的詳細日程計劃，即生產通知單。

(2)每週三發佈下週生產通知單，生產通知單所安排訂單的物料供

給必須有準確的交貨期，物料控制部門和採購部門必須按準確的交貨期交貨，倉儲部按生產通知單發料。

4. 制訂生產作業計劃

生產作業計劃是物料計劃的具體執行計劃，主要包括：

(1)編制工廠各個層次的作業計劃，包括產品進度計劃、零件進度計劃和工廠日程計劃。

(2)編制生產準備計劃，包括原材料和外協件供應、設備維修、工具準備、技術文件準備、勞力調配等內容。

(3)計算負荷率。進行生產任務和生產能力之間的細緻平衡，主要是與工廠的日程計劃直接相關。

(4)日常生產的派工、生產調度、執行情況的統計分析與考核。

(5)制定和修改期量標準，即標準生產作業計劃所依據的一些定額和標準資料。

5. 進行生產排序

(1)生產排序主要包括以下五個方面的內容。

① 設定工作優先權。

② 按具體設備或資源分配任務和人力進行生產排序。

③ 對任務的執行情況進行監控。

④ 及時處理異常情況。

⑤ 必要時調整生產排序。

(2)不同情況下生產作業的排序

① 多種零件由一台設備加工的排序：

a. 編制零件加工時間表；

b. 按照加工時間少的零件優先加工原則重新排序，以減少等待時間（即各零件在工作場上等待加工的時間），縮短完工時間（即加工時

間＋等待時間）。

②多種零件由兩台不同設備加工的排序：

a.用詹森法編制各個零件在兩台設備上的加工時間；

b.從各零件的加工時間值中找出最小值；

c.把已經確定加工順序的產品除去，重覆上述 a、b 兩個步驟，確定其餘產品的加工順序，直到全部產品的加工順序安排完為止；

d.如果碰上兩個相同的最小值，則任選其中一個即可。

③多種零件由三台不同設備加工的排序：

a.把三台設備合併成兩台假設機床；

b.採用詹森法選擇加工順序。

④ n 個零件由 n 台設備加工任務的分配：

若工廠有足夠數量的合適機床，使得所有的作業都可在同一時間進行，這時需要確定那個作業指派給那台機床，以使整個排序最佳。此時可運用指派法實現，指派法也是線性規劃法的一個特例。指派法基於的原理有三個：

a. N 項任務有 m 個人可以指派；

b.任務性質和人員專長各不相同，所以個人完成每項任務的效率是不等的。

c.確定指派的人去完成那一項任務可以使總效率最佳。

第 *8* 章

生產計劃的執行

 第一節　生產派工方法

生產派工是指根據生產作業計劃及實際情況,由生產調度員依據機器負荷情況為各個工作具體分派生產任務。

(一)生產派工的含義

生產派工是指根據生產作業計劃及實際情況,由生產調度員依據機器負荷情況為各個工作具體分派生產任務。

(二)生產派工的原則

1.根據交貨期的急緩進行派工

生產派工時,應根據客戶提出的交貨日期進行安排,交貨期短的優先。

2.根據客戶等級的高低進行派工

生產派工的先後順序應根據客戶的優先等級確定。

3.根據機器負荷能力的大小進行派工

對機器負荷大的工序要予以注意，不可出現停產現象。

4.依據工序環節的多少進行派工

工序越多所需時間就越長，在時間上要充分注意。

(三)生產派工的方法

多項物料在某一時區分派在同一個工作中心加工，需要確定這些物料的加工順序，即核實是否有足夠提前期的問題，主要有三種方法。

1.緊迫係數(Critical Ratio，CR)

$$CR＝(需用日期－今日日期)/剩餘的計劃提前期$$

CR＜0，說明已經拖期；

CR＝1，說明剩餘時間恰好夠用；

CR＞1，說明剩餘時間有餘；

0＜CR＜1，說明剩餘時間不夠。

CR 值小者優先順序高，一項物料加工完成後，其餘物料的 CR 值會有變化，要隨時調整。

2.最早訂單完工日期

完工日期越早的訂單優先順序越高。此方法主要適用於判斷加工路線類似的各種訂單，或者已經處於接近完工工序的各種訂單。

3. 最小單個工序平均時差(Least Slack Per Operation，LSPO)

這裏的時差也稱緩衝時間或寬裕時間。

$$LSPO＝(加工件完成日期－今日日期－尚需加工時間)/剩餘工序數$$

尚需加工時間指剩餘工序的提前期之和。LSPO 值越小，剩餘未完工序可分攤的平均緩衝時間越短，優先順序越高。

(四)生產派工的步驟

1. 核實生產訂單

在訂單正式批准下達投產之前，必須檢查物料、能力、提前期和工具的可用性，主要有以下四個方面的內容。

⑴確定加工工序。從工序完成日期倒序計算工序開始日期。

⑵確定所需的物料、能力、提前期和工具。

⑶檢查物料、能力、提前期和工具的可用性。

⑷明確物料、能力、提前期和工具的短缺問題。

2. 執行生產訂單

⑴生產計劃主管制訂生產日程安排計劃。

⑵生產調度員根據生產日程安排的先後順序向生產工廠開出生產命令單，生產命令單的基本樣式如下表 8-1-1 所示。

表 8-1-1　生產命令單

單號：　　　　　　　　　　　　　　　開工日期：＿＿＿年＿＿月＿＿日

生產部門				產品編號			
產品名稱				產品數量			
產品規格				品質要求			
使用材料							
料號	品名	規格	部門	單機用量	標準用量	備件	備註
生產方法							
完工日期							
經辦人	生產部負責人		生產班組長			生產人員	

(3)生產調度人員根據生產作業計劃和投料提前期分批簽發加工路線單。

(4)生產調度人員查對用料情況，填寫兩聯領料單（見下表8-1-2），一聯送交物料倉庫，另一聯送交工廠主任。

表 8-1-2　領料單

序號	領料名稱	規格	單位	數量	備註
1					
2					
……					

(5)生產調度員開出物料運輸單，將物料從物料倉庫順利運至現場。物料運輸單的基本形式如下表8-1-3所示。

表 8-1-3　物料運輸單

日期		生產命令單號碼	
零件號碼		零件名稱	
待運數量		檢驗人員	
已運數量		接收日期	
共運數量		接收人姓名	
運往何處		來自何處	
運輸人			

3.下達工作中心派工單

(1)生產調度人員須及時將派工單下發給各個工廠。

①派工單可以按照部門或工作中心和工序顯示工廠順序，並按照優先順序順序排列生產訂單。派工單的形式一般如下表8-1-4所示。

表 8-1-4　派工單

工作中心：3001，衝壓　　　日期：1/16/2009　　優先順序：工序完成日期

物料號	訂單		工序		工序日期		工時		剩餘數量	上道工序		下道工序	
	號	完成日期	號	描述	開始	完成	準備	加工		號	工作中心	號	工作中心
已經到達此工作中心的作業													
Q930	1526	1/30	8.4	衝壓	1/11	1/13	0	4.0	1500			20	4517
L421	2907	1/27	5.0	衝壓	1/12	1/13	2.0	6.0	2000			10	3880
G430	2567	1/23	12	衝壓	1/17	1/18	1.0	1.0	500	8	3100	20	4565
M862	3652	1/24	25	衝壓	1/19	1/20	0.5	3.5	1100			30	4009
未來三天將要到達此工作中心的作業													
D319	2587	1/27	18	衝壓	1/17	1/18	1.0	3.0	700			20	4610
K422	3678	2/08	21	衝壓	1/18	1/19	2.0	20.0	9000	11	4000	30	9400

②派工單給出了物料號、生產的訂單號、工序號以及每項作業的加工數量、生產準備工時和加工工時等信息，其中生產準備工時指一個工作中心從生產一種項目轉換到生產另一種項目所需的時間，加工工時指實際加工生產制定數量的物料項目所需的時間。

(2)確定各工序之間相對的優先順序，並進行生產。

(3)除下達生產訂單和工作中心派工單之外，還必須提供工廠文檔，其中包括圖紙、技術過程圖片、領料單以及需要特殊處理的說明等。

(4)生產調度員開出製品的檢驗通知單並附上檢驗規格，以加強制程中的品質管制。

　　生產現場人員要隨時查詢工序狀態、完成工時、物料消耗、廢品、投入/產出等報告。製品的檢驗通知單的樣例如下表所示。

表 8-1-5　製品的檢驗通知單

檢驗類型	□試用　□檢驗		編號	
委託部門	□倉儲部　　□採購部			
通知部門	□研發部　　□技術部　　□生產部			
通知日期			檢驗試用日期	
檢驗性質	□破壞檢驗　　□非破壞性檢驗			
檢驗項目				
檢驗數量				
檢驗試用結果				
檢驗試用者				

　　⑸生產調度員查對工具準備情況並填發工具申請單,確保工具庫各項待用的工具、夾具等準備齊全,並在開工前一小時送達現場待用。

　　⑹生產工廠材料員持用料明細單和工具申請單分別向倉儲部和設備部領取所需的物品。如果各生產工廠和倉儲部在開工前不能將所需材料與工具備妥,生產調度員應迅速通知製造日程安排人員更改製造日程。

第二節　生產計劃的進度控制

第1章　總則

第1條　目的

1.依據生產進度計劃，檢查零件的投入和出產數量、出產時間和配套性，保證產品能準時裝配出廠。

2.準確瞭解生產情況，及時發現生產計劃與實際的差異，有預見性地掌握生產發展趨勢。

第2條　實施控制的基本條件

1.生產作業控制標準，主要標準為生產計劃和生產作業計劃。

2.生產控制信息，尤其是實際作業狀況偏離生產計劃的信息。

3.生產控制措施，針對生產控制偏差分析原因，採取有效措施加以解決，保證生產活動正常進行。

第3條　控制的基本內容

1.投入進度控制，指控制產品（或零件）數量、種類是否符合計劃要求，同時也包括原材料、毛坯、零件投入前期和設備、人力、技術措施項目投入使用日期的控制。

2.工序進度控制，生產在每道生產工序上的加工進度控制。

3.出產進度控制，指對產品（或零件）的出產日期、出產提前期、出產量、出產均衡性和成套性進行控制。

第2章　生產進度控制人員與職責

第4條　制定進度控制目標的人員及其職責

生產調度主管：負責制訂生產進度控制目標（生產進度控制計劃），產品、主要部件的出產進度計劃和投入進度計劃，零件和部件

的投入出產進度計劃、工序進度計劃及庫存、加班計劃等。

第 5 條　執行生產進度測量比較的人員與職責

1. 班組兼職的統計員：主要統計當天的生產成果，包括進度計劃的執行情況，每台設備(或設備組)的生產作業完工量以及每個工人的作業完成量和勞動工時統計，並將統計結果上交工廠統計員。

2. 工廠統計員：工廠統計員匯總整理工廠內各班組的生產統計數據，有些關鍵數據要上報生產統計主管。

3. 生產統計主管：負責匯總及整理各個工廠的生產統計數據，並把這些數據與生產計劃作比較，找出進度與計劃的偏差，並告知生產調度主管。

第 6 條　制定進度控制措施的人員及其職責

生產調度主管：根據生產統計主管對生產實際進度與生產計劃的偏差分析制定進度控制措施。

第 7 條　實施進度控制措施的人員及其職責

1. 生產工廠主任：召集各班組長召開進度控制措施執行會議，佈置各班組的控制任務。

2. 生產班組長：進一步分解控制措施，把責任落實到班組內每個生產人員身上。

3. 生產人員：落實生產責任，執行進度控制措施。

第 3 章　生產進度分析方法

第 8 條　進度分析

為直觀地瞭解生產進度及其與生產計劃的對比情況，可採用座標圖、條形圖進行分析。

第 9 條　傾向性分析

傾向性分析的主要工具是折線圖，即把各個工序每日完成的數量

按時間繪製成座標圖。

第 10 條　統計分析

當每日產量圍繞著計劃指標上下波動時，可取若干日產量值計算其平均值，再根據每日產量與平均值之差計算出標準離差值，確定出產量的控制界限。

第 11 條　日程分析

日程分析又稱生產週期分析。通過日程分析可以制定縮短生產週期、減少中斷時間和在製品佔用的控制措施。

第 4 章　生產進度控制措施

第 12 條　投入進度控制

1. 大批量生產的投入進度控制

依據生產指令、投料單、投料進度表、投產日報等進行控制，或用投入日產進度表（輪班計劃表）中的實際投入同計劃投入進行比較來控制。

2. 成批和單件生產投入進度控制

成批和單件生產投入進度控制可以從以下兩個方面進行。

⑴控制投入提前期。

⑵控制投入的品種、批量和成套性。

第 13 條　出產進度控制

1. 大批量生產出產進度控制

將出產日報（班組的生產記錄、班組和工廠的生產統計日報等）同出產日曆進度表（輪班計劃表）進行比較，控制每日出產進度、累計出產進度和一定時間內的生產均衡程度。

2. 成批生產的出產進度控制

根據零件標準生產計劃、出產提前期、零件日曆進度表、零件成

套進度表和成批生產日曆裝配進度表等進行控制。

第 14 條　工序進度控制

1. 按加工路線單經過的工序進行控制

工廠、班組將加工路線單進行登記後，按加工路線單的工序進度及時派工。

2. 按工序票進行控制

對零件加工順序的每一道工序開一張工序票交給操作者加工，完成後將工序票交回，派工時再開另一張工序票通知加工。

3. 跨工廠工序控制

(1)主要工廠要建立健全零件台賬，及時登記進賬，按加工順序派工生產。

(2)協作工廠要認真填寫協作單，並將協作單號及加工工序、送出時間一一標註在加工路線單上，待加工完畢後，工廠要在協作單上簽收，雙方各留一聯，作為記賬的原始憑證。

第三節　現場作業進度跟蹤辦法

為保證按期、按量、按質完成生產任務，企業需建立作業計劃跟蹤與考核機制，以確保生產作業順利進行。現場作業進度跟蹤的方法包括生產日報系統、生產現場巡視、生產看板管理等。

第 1 章　總則

第 1 條　為了加強對生產現場的進度控制，規範對進度跟蹤的管理，有效執行生產計劃和進度目標，確保完成生產任務目標，結合工廠的實際情況，特制定本辦法。

第 2 條　本辦法適用於工廠生產現場進度信息收集與管理相關工作。

第 3 條　生產進度跟蹤內容主要包括以下三點。

1. 綜合生產量或生產實績。

2. 不同設備或不同工位的生產實績。

3. 進度異常及其處理結果。

第 4 條　生產進度跟蹤需透過以下幾個管道收集信息。

1. 現場操作人員直接通報。

2. 現場巡視，包括工廠管理者的現場巡視與高層巡視督查等。

3. 使用與管理生產日報系統。

第 5 條　生產進度跟蹤信息統計資料具體如下。

1. 加工路線單。

2. 單工序工票。

3. 廢品通知單。

4. 返修通知單。

5. 停工記錄。

6. 生產報表（日報、週報、月報等）。

第 2 章　現場作業直接通報管理

第 6 條　操作人員是生產現場異常的第一發現者，發現時需及時將異常通報給現場管理人員。

第 7 條　在現場安裝傳感來感知透過的物品並將其以數值的形式表示出來，相關人員可透過大型數量盤獲取生產狀態（運行或停止）信息、本日目標、現在目標、現在實績、進度、時間等，全面掌握進度信息。

第 8 條　在生產現場不大的前提下，操作人員可大聲地將異常狀

態通報給現場主管，現場主管馬上進行確認，並及時採取停止生產、排除不良品等措施。

第 9 條　在每條流水線、每個操作人員旁邊都安裝一個按鍵，發生故障時一按，設置在現場主管旁邊的警示板上的燈就會亮。

第 10 條　在機械上設置警示裝置，運行中有意外時操作人員就按鍵報警，警示板的中心燈就會亮起。

第 3 章　現場巡視管理

第 11 條　現場巡視的目的主要有以下幾點。

1. 掌握生產進度。

2. 發現品質問題。

3. 檢查技術流程與方法是否正確。

4. 檢查衛生、安全情況。

5. 檢查現場人員的勞動紀律。

6. 看板檢查與 5S 檢查。

7. 工廠工作狀況總體評價。

第 12 條　現場巡視方式主要有以下幾種。

1. 定期巡視，工廠人員每天定時對現場進行巡視，生產管理人員每週定期巡視現場。

2. 不定期巡視，工廠管理人員與生產管理人員不定期對生產現場進行巡視。

3. 群體巡視，相關巡視小組（各部門組成）對生產現場進行巡視。

4. 個人巡視，生產經理、工廠主任或基層管理人員根據具體情況對生產現場進行巡視。

5. 專題巡視。

6. 全面巡視，對整個生產現場進行巡視，包括各工廠、各班組等。

7.重點抽查，對重點工作環節、重要工序、重要工作點等進行抽查。

第 13 條 為有效掌握現場進度情況，相關人員在進行現場巡視時，需對生產工序情況進行瞭解。

1.熟悉產品及產品零件。

2.瞭解產品的生產技術。

3.從產品一上線就進行巡視。

第 14 條 進行現場巡視，應該重點注意生產進度是否落後、有無重大品質問題隱患、訂單有無完成、物料供應是否及時等問題。

第 15 條 現場巡視過程中，應隨時登記巡視記錄，總結分析巡視結果。

第 4 章 生產日報系統管理

第 16 條 生產日報有助於相關人員瞭解生產進度，發現生產異常，並作出適當反應與處理。

第 17 條 生產日報需體現以下內容。

1.產量數據報表，以便瞭解生產進度。

2.工時情況，以便瞭解實際工時的耗用。

3.效率情況，以便能運用績效管理來提高績效。

4.成本方面的基礎資料，以便能準確核算成本。

第 18 條 常用的報表包括生產日報表（個人日報、班組日報、工廠日報等）、品質管制日報表、入庫報表、生產稼動表、產量看板、生產週報、不良品統計表等。

第 19 條　產品揭示板範本如下表所示。

表 8-3-1　產品揭示板

日期：　　　　　　　　　　　　　　　　　工廠：

產量完成率							品質不良率
線號							備註
產品							
型號							
產量							
完成率							
合格率							
不良率							

第 20 條　生產進度週報範本如下表所示。

表 8-3-2　生產進度週報

週數：　　　　　　　　日期：　　　　　　　　頁數：

產品名稱	型號	批號	計劃數量	變動數量	完成數量	盈餘數	備註
生產狀況					制定		
綜述					檢查		
備註					批准		

第 5 章　附則

第 21 條　本辦法由生產部制定，解釋權、修改權歸生產部所有。

第四節　生產線的調度管理規定

第 1 章　總則

第 1 條　目的

為了及時對生產過程進行控制和調節，保證生產連續、均衡、有序地進行，按時完成生產任務，並結合本工廠的實際情況，特制定本生產調度管理辦法。

第 2 條　調度工作的基本要求

1. 計劃性

生產調度工作必須以生產作業計劃為依據，這是生產調度工作的基本要求。

2. 預見性

生產調度人員應在可能發生偏差之前就有所預見，並採取措施加以預防，才能保證生產作業計劃順利進行。

3. 及時性

一旦發現生產中存在問題，須立即採取措施解決，使生產順利進行，是生產調度的根本要求。

第 2 章　生產調度工作的主要內容

第 3 條　檢查生產作業計劃的完成情況

並要對生產過程的各個環節，包括毛壞、零件、部件、半成品的投入和出產情況進行全面掌握，及時發現生產作業計劃執行過程中的各種問題，並積極採取有效的措施予以解決。

第 4 條　按照生產準備計劃的內容及進度，對執行工廠進行逐項檢查，並督促和協助解決有關薄弱環節的問題，將準備工作做到位。

第 5 條 合理調配生產勞動員和調整組織。根據生產的需要,從工廠現有人力資源的實際出發,合理配置各工作地各崗位的工作人員,使勞動在工種上形成最佳的組合,工作生產水準與生產任務相適應。

第 6 條 對生產的進度情況進行控制。掌握各工序的工作狀況和進度,使工序間、班組間、工廠之間在製品的流動銜接正常,保證生產的連續性。

第 7 條 對生產設備、工裝用具、生產工具的使用進行統一安排,並統一指揮廠區內部的動力供應和運輸工作。

第 8 條 對生產過程中出現的突發問題進行有效的控制。及時啟動應急預案,將突發事件對生產的影響降到最低。

第 3 章　生產調度各項工作管理

第 9 條 值班管理

1. 工廠要設值班調度員,以處理生產過程中的各種問題,特別是那些兩班制、三班制的生產工廠,要實行調度員輪換值班制度。

2. 值班調度要經常檢查工廠、工段作業計劃的完成情況及各工廠的配合情況,填寫調度日誌,對當班發生的問題和處理情況進行記錄,並嚴格實行交接班制度。

第 10 條 報告管理

1. 調度人員的主要報告職責

⑴調度值班人員負責在值班期間填寫調度日誌,把當班發生的問題和處理情況記錄下來,形成《安全生產調度報告》。

⑵生產調度主管和生產調度專員要把每日值班調度的情況,如每日生產情況、庫存情況、產品配套進度情況、商品出產進度情況等報告給生產總監。

2. 生產調度報告的主要內容

⑴生產調度發生的時間、地點、區域。

⑵原輔料、零件、外協等物料及時調度的到位情況。

⑶生產用水、電、氣等能源供應的情況。

⑷多品種生產的均衡率、突發事件處理的及時率和生產調度會議召開的及時率。

⑸突發事件的處理情況。

⑹對目前生產調度情況的問題進行總結和分析。

⑺針對目前生產調度中存在的問題制定整改措施。

3. 生產調度報告的程序

⑴值班調度員要及時填寫生產報表,向調度主管反映當班生產情況。

⑵遇到重大問題時,調度人員要隨時向上級和有關部門報告。

⑶若生產現場發生的問題本工廠不能解決,應由生產主管或負責人及時向廠生產總監報告,再由生產總監組織召開研討會,有關部門參加。

4. 調度報告的時間

⑴生產調度員應於每月 15 日向生產調度主管上交《月生產調度報告》。

⑵生產調度主管每季向生產部經理上交一次《季生產調度報告》。

⑶生產部經理每半年向生產總監上交一次《半年度生產調度報告》。

⑷總監每年的 1 月 15 日前向總經理報告上一年度全年的生產調度情況。

第 11 條　會議管理

1. 調度會議每週召集一次,由生產調度主管主持,各工廠主任、工廠管理人員及各工段(班組)長、相關部門負責人參加。

2. 調度會議召開的目的是要解決生產中的實際問題,達到好的會議效果,相關人員還要做好會前的準備和會後的跟進等工作。

第 12 條　巡迴檢查制度

生產部調度值班人員除做好室內業務外,還要攜帶對講機深入現場瞭解生產情況,對重要崗位進行巡查,發現問題後要督促和協助工廠或相關部門及時解決。

第 13 條　班前、班後會管理

1. 班前會,主要是佈置當日班組或個人的生產任務及注意事項。

2. 班後會,主要是總結和檢查該工作日生產任務的完成情況。

第 4 章　突發事故處理程序

第 14 條　生產工廠若出現突發事故(如突然斷電、設備故障等),應及時向生產調度主管和有關負責人彙報。

第 15 條　生產調度主管在接到通知後,應立即組織相關人員召開緊急調度會議,提出解決當前生產經營中的緊迫問題,採取應急措施,並啟動事故應急預案。

第 16 條　生產工廠相關責任人應立即執行事故應急預案,處理工廠突發事故,並進行相應的善後處理。

第 17 條　突發事故處理完畢後,生產調度主管應及時分析事故原因,並制定相應的控制措施,避免類似的事故再次發生。

第 5 章　附則

第 18 條　本調度管理辦法由生產部制定、解釋及補充,經生產總監審批後實施。

第 19 條　本調度管理辦法自＿＿＿年＿＿月＿＿日起執行。

第五節　生產調度值班規定

第 1 條　目的

為進一步提高生產調度工作的管理水準，確保生產調度負責人和廠級有關主管能夠全面、及時地瞭解生產情況，特制定本規定。

第 2 條　適用範圍

1. 幹部的值班工廠主要負責幹部(廠長、總監及各部門經理)的夜間值班和工廠生產管理人員的夜間值班。

2. 調度跟班

除了主管幹部值班之外的值班人員都屬於調度跟班。

3. 安全值班人員

生產調度主管還應結合主生產計劃和各項生產進度計劃確定安全生產值班人員名單，報生產部備案。

第 3 條　調度值班人員的工作內容

1. 幹部值班人員的工作內容

(1)檢查和監督安全生產的情況。

(2)對值班中出現的重大問題進行指揮和協調。

(3)負責巡視工作，及時發現管理中存在的問題。

2. 調度跟班人員的工作內容

(1)根據工廠現有的「三班三運轉」和「四班三運轉」形式安排安全生產值班人員。

(2)按工廠的倒班形式進行組織安排和人員配備，使之相對穩定。

第 4 條　安全值班人員的權責

1. 安全值班人員的職責

⑴在值班期間負責本單位的安全、技術、施工、教育等業務部門開展各種形式的安全教育和安全檢查工作。

⑵在值班期內，負責檢查工廠、工段作業的完成情況及科室配合情況。

⑶應及時、準確地調度和掌握重大、特大傷亡事故，填寫《安全生產信息調度值班日誌》和《安全生產事故接報台賬》，把當班發生的問題和處理情況記錄下來，形成《安全生產調度報告》。

⑷及時接聽、接收、傳報、送達、辦理有關部門的重要電話、文件和傳真，完成上級機關交辦的工作。

⑸負責接報、處理和回饋各類安全生產舉報信息。

2. 安全值班人員的權利

⑴在值班期間，安全值班人員和主管安全一併對當月的施工生產安全工作負責任。

⑵安全值班人員要按照事故報告規定和事故信息處理程序，逐級報送事故情況，按時完成當日安全生產簡報和有關報表，同時要及時對事故搶險和處理情況進行跟蹤調度，直至事故搶險工作結束。

⑶按照頒發的關於安全生產的標準及工廠有關規定，檢查工廠的施工生產安全情況，獎優罰劣，及時糾正違章，改進安全設施。

⑷安全值班人員有權拒絕執行違章冒險作業指令，並應立即向上級主管安全工作的上級值班報告。

第 5 條　交接班要求

1. 對交班調度人員的要求

⑴整理好各種記錄報表，做好調度台及室內清潔衛生工作。

⑵對照日調度計劃，檢查本班所執行各項任務的完成情況。

⑶交代本班生產負荷、事故處理、設備運行及檢修、操作指令票（綜合令、逐項令）、檢修計劃票執行情況以及需要由下一班繼續完成的工作和注意事項。

⑷交代本班調度通信、錄音、即時自動化裝置等情況。

⑸上級的指示、通知以及有關文件的執行情況。

⑹全面檢查本值已執行完成的操作指令票的正確性。

2.對接班調度人員的要求

⑴提前 15 分鐘到崗，準備交接工作。

⑵詳細查看調度運行日記和交接班記錄。

⑶瞭解本班生產負荷及主要設備的運行情況。

⑷瞭解操作指令票（綜合令、逐項令）、檢修計劃票的執行情況。

⑸瞭解上一班事故及異常情況、設備缺陷及防止事故措施。

⑹瞭解調度通信、錄音、即時自動化裝置等情況。

⑺瞭解上級下達的新指示、指令以及有關文件的執行情況。

3.相關責任

交接班調度人員交接清楚後，雙方應立即在交接班日誌和調度運行日誌上簽名，這樣交接班才算完成。因交班者少交或漏交所造成的後果，由交班者負責；因接班者未認真接班所造成的後果，由接班者負責。

4.如遇有下列情況，不得交接班

⑴事故處理及重要操作未完成。

⑵交接班時，如發生事故應立即停止交接班，由交班調度人員處理，接班調度員可按交班調度人員的要求協助處理。

第 6 條　值班紀律

1. 主管幹部值班、調度跟班、安全值班人員要求與正常上班一樣，按時到崗，堅守工作崗位。嚴禁遲到、早退、脫崗，違者除扣發值班補助外，還將按照考勤制度處理。

2. 值班期間，總值班要全面掌握安全情況，督促值班人員加強檢查巡視，做好外來人員的登記工作，確保無事故發生。

3. 安全生產值班人員發現問題和接到事故報告後，要迅速採取控制措施並及時向值班彙報。

4. 值班結束，總值班、值班人員要做好當天值班情況的詳細記錄，並將注意事項給接班人員交接清楚，認真履行交接班手續。

第 7 條　　負責人必須嚴格執行生產調度值班規定。

第 8 條　　本規定自頒佈之日起實施。

第六節　生產調度會議

第 1 章　總則

第 1 條　目的

1. 及時、準確地瞭解生產調度情況。

2. 為了更好地協調、及時正確處理生產調度過程中產生的問題，促進本工廠的生產活動有序、高效地進行。

第 2 條　適用範圍

1. 適用於本工廠所有員工。

2. 這裏指的工廠調度會議主要指生產管理的例行會議。

第 2 章　會前工作準備

第 3 條　資料準備

會前一段時間，要把前一班的生產情況、技術情況以及工作中存在的問題和注意事項整理成資料備用。

第4條　會議通知

1. 通知參加會議的人員，告知會議的時間、地點、時長、人員安排、會議需要注意的事項等。

2. 對未經允許擅自不參加會議或遲到、早退的人員，會議負責人有權對其進行處罰。

第3章　會議的組織和實施

第5條　生產調度會議的形式

1. 廠級調度會議

由生產總監主持、生產調度主管召集，各工廠主任及有關生產負責人參加，每月召開一次。

2. 生產部調度會議

由生產部經理主持、生產調度主管召集、有關生產負責人參加，每半月召開一次。

3. 各工廠調度會議

由工廠主任主持、工廠調度員召集、各生產工廠管理人員及班組（工段）長參加，每週召開一次。

4. 緊急調度會議

各部門應根據實際情況安排召開部門緊急調度會議，時間、地點由會議主持人指定。

第6條　生產調度會議的內容及召開時間

1. 廠級調度會議的內容及召開時間

廠級調度會議每月召開一次，會議的主要內容包括：

(1)總結上月生產情況；

(2)協調本月產、供、銷、運、儲等各項工作；

(3)佈置本月的生產任務；

(4)進行本月的生產活動分析。

2.生產部調度會議內容及召開時間

生產部調度會議每半月召開一次，其內容與廠級調度會議內容相似，在此不再贅述。

3.工廠調度會議內容及召開時間

工廠調度會議每週週一上午上班時召開，會議主要內容有：

(1)調度員彙報前一週生產情況和存在的主要問題，同時提出解決問題的建議和本週的生產安排意見；

(2)進行本週生產任務分配；

(3)提出安全生產注意事項。

4.緊急調度會議內容及召開時間

緊急調度會議召開沒有同定的時間，主要內容包括：

(1)突發事故處理方案的討論與制定；

(2)聽取各生產工廠所急需解決問題的彙報；

(3)佈置臨時性緊急生產任務。

第 7 條　生產調度會議的記錄

生產調度會議召開時，應有專門的會議記錄人員記錄會議的主要內容，填寫生產調度會議記錄表。生產調度會議記錄表的主要格式如下表所示。

第 4 章　附則

第 8 條　各部門負責人必須嚴格執行會議決定。

第 9 條　本規定自頒佈之日起實施。

表 8-6-1　生產調度會議記錄表

記錄人：＿＿＿＿＿＿＿＿＿　　　　日期：＿＿年＿月＿日

會議時間		主持人	
會議地點		參加人員及人數	
會議名稱		會議內容	
主要決議事項			
備註			

第七節　生產計劃變更的管理制度

第 1 章　總則

第 1 條　目的

為規範生產計劃變更管理，使變更後的生產計劃能夠順暢地執行，特制定本管理制度。

第 2 條　概念界定

本管理制度中的生產計劃變更是指已列入週計劃之內的生產訂單，因市場需求、生產條件以及其他因素的變化而引起的變更情況。

第 3 條　為保證生產的穩定性，生產計劃原則上不允許變更；但出現下列情形之一時，允許生產計劃變更。

1. 客戶要求追加或減少訂單。

2. 客戶要求取消訂單。

3. 客戶要求變更交期。

4. 因技術問題延遲生產。

5. 因物料短缺預計將導致較長時間的停工。

6.客戶有其他要求，導致生產計劃必須變更。

7.因品質問題尚未解決而需延遲生產時間。

8.因其他因素必須對生產計劃進行變更。

第 4 條 生產部遇到上述情形後，要對現有情況進行成本評估，確認是否必須進行生產計劃變更的調整。

第 2 章 相關部門職責

第 5 條 研發部

1.確認產品設計、開發進度，確保生產。

2.確認技術資料的完整性和提供的及時性。

第 6 條 生產部

1.修改各工廠週生產計劃及每日生產進度安排。

2.確認並追蹤變更後的物料需求狀況。

3.協調各生產工廠做好生產調整工作。

4.各生產工廠要處理好生產計劃變更前後的物料盤點、清退等事宜。

5.各生產工廠要對人員、設備進行調整，確保新生產計劃順利完成。

第 7 條 採購部

1.確認物料的供應狀況。

2.確認物料多訂購或少訂購的數量及處理狀況。

3.處理與物料供應廠商之間的關係。

第 8 條 質檢部

1.確保變更後的檢驗標準、檢驗規範的完整性。

2.確定質檢的重點控制點。

第 9 條 倉儲部

1. 確認庫存物料狀況。

2. 負責生產工廠多餘物料的接收、保管及清退事項。

3. 其他物料的倉儲事項。

第 10 條　銷售部

1. 修改銷售計劃。

2. 確認生產計劃變更後各訂單的交期是否有變化。

3. 處理因生產計劃變更需要與客戶溝通的事項。

4. 處理出貨安排的各個事項。

第 3 章　生產計劃變更程序

第 11 條　上述生產計劃需變更時，相關部門需提出生產計劃變更申請。生產部要與提出生產計劃變更部門的負責人進行協調溝通。

第 12 條　協調溝通完畢後，由生產部擬定生產計劃變更方案並提交總經理審批。

第 13 條　總經理對《生產計劃變更方案》進行審批，通過後南生產部重新修訂生產計劃，並向相關部門下發「生產計劃變更通知單」。

1. 生產計劃變更通知單包括以下內容：

⑴生產計劃變更的原因說明；

⑵生產變更影響到相關部門的生產任務；

⑶原生產計劃的生產日程安排狀況；

⑷變更後的生產計劃排程狀況；

⑸需要相關部門注意配合的事項。

2. 生產計劃變更通知單的具體格式如下表所示。

表 8-7-1　生產計劃變更通知單

總經理：　　　　　　　　　　　　　　生產部經理：

變更類別	□客戶追加或減少訂單 □客戶要求取消訂單 □客戶訂單交期變更 □物料短缺導致的變更 □技術問題導致的變更 □品質問題導致的變更 □其他原因導致的變更		變更依據			重點說明	
變更前	批號	料號	產品名稱	數量	交期	包裝方式	備註
變更後	批號	料號	產品名稱	數量	交期	包裝方式	備註
分發部門	生產部			接收部門	□採購部 □質檢部 □倉儲部 □銷售部		

　　第 14 條　如生產計劃變更範圍較大，生產部應召集研發部、採購部、質檢部、倉儲部、銷售部進行協商，並確認相應的變更。

　　第 15 條　如變更後的新生產計劃與原有的生產計劃有較大差別，生產部應在生產計劃變更通知單後面附上相關說明文件。

　　第 16 條　生產計劃變更通知單及其附件生產部除自存一份外，

還要下發至研發部、採購部、質檢部、倉儲部、銷售部。

第 17 條　各部門在接到生產計劃變更通知單後，須立即對本部門的工作做出調整，以確保生產計劃順利執行。

第 4 章　附則

第 18 條　本制度由生產部制定，其解釋權、修訂權歸生產部所有，經總經理審批後實施。

第八節　外觀瑕疵要避免

外觀瑕疵主要是指產品的外觀材料，不影響到產品的功能及性能的缺陷，通常包括產品的傷痕、毛邊、髒汙、澆口、段差、色差等小缺點。

由於外觀瑕疵的特殊性，因此對於瑕疵的判定有時候是十分困難的，如何進行外觀瑕疵的判定呢？

需要注意的是，每一個客戶對外觀瑕疵可接受的程度是不完全一樣的，可透過客戶需求、理想標準、實際控制，這三個方面的相互關係，來描述對外觀瑕疵的判定。

如何防止外觀瑕疵的出現？

1. 事先防

⑴防範作業人員在作業、檢查過程中造成瑕疵。如要求接觸產品外觀的人員要戴手套、指套，不得佩戴戒指、留長指甲等。

⑵防止機器、夾具、設備等觸碰造成外觀瑕疵。如在接觸產品外觀的相關部位倒角貼上海綿，定時對設備進行清潔等。

⑶對外觀材料本身進行防範。如使用耐磨性好的產品外觀材料、

粘貼保護薄膜、二次噴塗等。

2.事後選

當產品的外觀瑕疵無法杜絕時，為避免誤判斷而造成更大的損失，應統一設置選別樣品。

⑴該樣品能夠反映客戶需求情況。

⑵產品的製造、檢驗、品保等相關人員，都持有同等樣品，並嚴格按該樣品進行判定和接收。

⑶將判定條件明確化。用明文規定，對光線明暗度、目視距離、產品的有效期限等均有詳細規定。

3.管兩頭

有時候產品的外觀可能本身沒有問題，但是一個產品從原材料到出貨的過程之中由於人多手雜，在你確認、我確認、大家確認的過程中造成了產品的髒汙、刮花等外觀瑕疵。因為每個工序都有充分檢查的理由，就是因為一個「不放心」，所以一個產品被看了多次。

正確的做法是：在產品的到貨和出貨時進行確認，其他工序坐「直通車」，即免檢外觀瑕疵，這樣可以避免因人為的接觸而造成的新的瑕疵。

也可能有的人會擔心最前、最後工序如果把不好關怎麼辦？其實這種擔心是多餘的，前後雙保險都檢不出來，那說明它本身就是合格品；能夠達到客戶可接受的程度，即可直接出貨。

4.試一下「放水」

並非所有的產品都有可供比較或判定的樣品，也並非所有的保護措施都能夠百分百奏效。外觀產品雖然很容易設定，但是，作為生產者並不知道它是否就真的接近了客戶的需求。如何才能知道實際控制與客戶需求是否相符呢？

對於難以判定的有外觀瑕疵的產品，可記錄下瑕疵的內容、出廠號碼等信息，並讓其流入市場。如果無客戶投訴返回，則說明該瑕疵的程度客戶可能接受，甚至還能再放鬆些。這些有瑕疵的產品數量盡可能不要集中在同一批貨裏，要適當地分散開來。

試「放水」之後，無論是否有客戶投訴，都需要對產品的外觀瑕疵進行調整，要麼將標準放鬆，要麼提高標準。

5. 勿「先入為主」

有時，檢驗人員向班組長指出產品的外觀瑕疵所在的位置和嚴重程度之後，這個產品基本被打入不合格品之中。因為，一經他人提示後，檢查者或修正者就只會盯著該處，而忽略了對產品的整體外觀的審視。

建議由檢驗人員只說有瑕疵，但不說明具體位置、程度、面積等，由確認人員自行尋找並判定。如果兩人都認為不行的話，才有可能是真正的不行，否則應以確認人員的意見為準。

經過這樣之後，由於一個人主觀的檢測淘汰產品的量有所減少。

6. 外行辨

有人可能會奇怪，外行怎麼能夠懂得選別和判定呢？其實產品的外觀瑕疵與性能、功能等的判定是不同的，就好像一個電視劇，人人都看，就算是不懂應該怎麼編劇的人，也還是會判斷這個片子到底好不好看的。因此，對於產品的外觀瑕疵的判斷而言，可能外行的標準其實才是最接近客戶的要求的。因為我們的檢驗人員們成天地面對著外觀瑕疵，會下意識地對瑕疵越檢越嚴格，時間一久，往往就可能遠遠地高於原先所設定的標準。

當產品的外觀瑕疵難以判定時，不妨找一些不相干的外行來參與一下，聽聽他們的意見也不失為一個好方法。

7.客戶辨

由判定人員或市場服務人員直接訪問客戶，徵詢他們的意見，獲得第一手資料。有的公司安排品保人員定期在銷售櫃檯工作一段時間，目的之一就是如此。

總之，對於產品的外觀瑕疵的判定也需要經常調節，這樣才能減少「錯殺率」，因為如果遭到錯殺，所耗費的成本正是企業自己需要支付的。

第九節　生產調度管理工作制度

為了做好生產調度工作，保證生產人員按時到位、生產原料和設備及時供應以及生產工廠保質、保量地在交期內按時交貨，工廠需建立生產調度系統，召開生產調度會議，以規範各級調度作業。

第1章　總則

第1條　為了做好生產調度工作，保證生產人員按時到位、生產原料和設備及時供應以及生產工廠保質、保量地在交期內按時交貨，特制定本制度。

第2條　各部門的職責權限具體如下。

1.生產調度管理是工廠生產經營管理的中心環節，生產部作為生產調度管理的職能部門，是工廠生產的指揮中心。

2.工廠以生產調度為核心，建立與各部門、各工廠主任及生產班組長相連接的生產調度指揮系統，按程序、分層次地組織、協調、指揮生產。

3.生產調度指揮系統對工廠的生產活動實行全面管理，堅持 24

小時倒班、每班一人。

4.以生產調度集中統一指揮為原則，一切與生產相關的操作指令都要透過生產調度指揮系統逐級下達，情況緊急或必要時，有權調度工廠範圍內的人力、物力，以確保操作平穩，生產安全、保質、保量、按時完成生產任務。

5.調度指令具有權威性，基層組織和有關部門必須協作配合、貫徹執行。有不同意見時，可一面貫徹執行，一面向上一級主管彙報及請示。

第 3 條　生產調度的工作原則具體如下。

1.生產調度應以市場為導向，以「少投入、多產出、快產出」為原則，科學利用資源，合理組織調配，有效進行生產程序控制，以獲取最佳經濟效益。

2.上道工序要按下道工序要求的產品的品種、品質、數量和時間組織工序的生產。

3.若上道工序出現異常，在產品的品種、品質、數量、時間方面不能滿足本道工序要求時，要及時調整，以減少對後續工序的影響，盡可能保持全生產線的秩序正常。

4.輔助工序要滿足主生產線工序，為主生產線工序提供輔助條件。

第 2 章　生產調度會議控制

第 4 條　生產調度會議的主要工作事項是檢查上次調度會議決策的執行情況，同時提出本次會議需要解決的問題，透過討論最後確定措施、形成決議，並責成有關部門或人員執行。

第 5 條　工廠生產調度會議主要包括工廠級調度會議、生產部調度會議、工廠調度會議及緊急調度會議等，具體會議安排及內容如下

表所示。

表 8-9-1　生產調度會議分類及安排

會議分類	召開時間	主持人	與會人員	會議內容
工廠級 調度會議	每月第1個 工作日	主管副總	生產調度主管召集，各工廠主任及有關生產負責人參加	・總結上月生產情況 ・協調本月產、供、銷、運、儲等工作 ・佈置本月生產任務 ・進行本月生產活動分析
生產部 調度會議	每月15日 和30日	生產部 經理	生產調度主管召集，有關生產負責人參加	與廠級調度會議內容相似
各工廠 調度會議	每週一 上午	工廠主任	工廠調度員召集，各生產工廠管理人員及班組長參加	・調度員彙報上一週生產情況和存在的主要問題，同時提出解決問題的建議和本週的生產安排意見 ・進行本週生產任務分配 ・提出安全生產注意事項
緊急調度 會議	—	各部門根據實際情況可以安排召開部門緊急調度會議，時間、地點由會議主持人指定		・討論與制定突發事故的處理方案 ・聽取各生產工廠彙報所急需解決問題 ・佈置臨時性、緊急的生產任務

第 6 條　會議開始前，與會人員要將當前生產情況、技術情況以

及工作中存在的問題和注意事項整理成資料備用。

第 7 條　會議召集人通知參加會議的人員，告知會議的時間、地點、時長、人員安排、需要注意的事項等。

第 8 條　對未經允許擅自不參加會議或遲到、早退的人員，會議負責人有權對其進行處罰。

第 9 條　生產調度會議召開時，應由專門的記錄人員記錄會議的主要內容，並於會後填寫生產調度會議記錄表。

第 10 條　生產調度會議紀要由生產調度員起草，會議主持審定後發放給各生產部及有關職能部門，檔案室存檔一份。

第 3 章　生產調度值班與報告

第 11 條　為了保證對生產進行不間斷的監督，工廠應制定調度值班制度。

1. 工廠每個工廠設值班員，以便及時發現並隨時處理生產中臨時發生的問題。

2. 值班員要做好交接班工作並記好調度日記，以保證各班之間調度工作的連續性和銜接性。

第 12 條　工廠建立生產調度報告制度，各級可按時收到逐級匯總上報的調度報告，全面掌握生產的進度情況。

第 13 條　調度報告主要分為生產日報、週報、月報，反映了生產作業計劃的執行情況及存在的問題和處理意見。

第 4 章　落實生產作業計劃

第 14 條　生產調度指揮系統在接到生產部下達的月、週、日生產作業計劃後，把生產任務和各種指標分解到各班次和班組，分解的主要依據是各班組的月作業時間，即按日曆時間扣除定休時間確定各班組的工時，從而確定生產指標。

第 15 條　落實生產指標時，要考慮上月生產實績、本月設備情況、安全狀況以及各種計劃指標與標準。

第 5 章　日常生產調度控制

第 16 條　工廠班組長及時收集現場生產數據，督促生產崗位填寫各種原始記錄，整理生產日報，每週匯總一次，並將信息及時回饋給各班組，使其能根據自己的生產實績查找差距、改進工作，同時將生產數據上報給相關職能部門。

第 17 條　班組間協調與銜接的規定如下。

1. 生產調度指揮系統負責協調各個生產環節，確保設備的正常運轉與原材料、能源的及時供應。

2. 生產調度指揮系統要組織好班組間的交接班工作，每天上崗時巡視整個作業區，瞭解生產、設備狀況，查閱交接班記錄。

第 18 條　各班組根據生產例會的決定，結合所負責區域的生產實際情況，進行生產作業的調整。

第 6 章　緊急情況處理

第 19 條　當調度人員接到有關部門或工廠的緊急報警電話時，需立即撥打報警電話並通知生產部主管人員，迅速聯繫有關部門或其他工廠進行應急處理，同時在最短的時間內到達現場協助處理。

第 20 條　調度人員接到緊急生產任務時，首先應分析、瞭解該生產任務的特點，然後採取相應的插單措施。

第 7 章　附則

第 21 條　本制度由生產部制定，解釋權、修改權歸生產部所有。

第十節　生產過程的偏差與處理

　　各級調度機構透過生產作業核算及其管道，發現計劃和執行結果之間有差距時，必須迅速查明產生偏差的原因，同時迅速採取有效措施，使差距縮小或恢復正常。

1. 產生偏差的原因

　　在生產作業計劃和實際作業之間產生偏差的主要原因見表 8-10-1。

表 8-10-1　計劃與執行結果產生偏差的原因

計劃原因	執行原因
需求突然變化或預測不準	設備、工具臨時發生故障
設計、技術頻繁修改	動力供應和廠外運輸突然中斷
生產能力平衡資料不準	操作人員缺勤
生產技術準備工作安排失誤	產生計劃之外大量廢品
生產定額不準	材料、在製品散失和損壞變質
期量標準不準	對已發生的偏差處理遲疑、造成生產中斷
外購、外協計劃不落實	生產環節之間銜接發生混亂
庫存控制指標不合理	生產作業控制不得法
生產作業計劃銜接失誤	隨便更改作業命令造成失誤
設備、工具維護檢修計劃失誤	過量消耗中間庫庫存

2. 對偏差的處理方法

　　由於上述原因，在計劃和執行結果之間產生了偏差。調度機構應視其原因和偏差程度，積極採取措施，迅速糾正。一般來說，作業控

制所面臨的偏差主要表現為進度落後或產量不足。因此，調整和消除偏差的關鍵在對延遲採取的措施上。對生產進度落後可供選擇的措施見表 8-10-2。

表 8-10-2　對生產進度落後可供選擇的措施

方法	1. 在計劃中預先留有餘地	2. 運用控制手段使延遲恢復正常	3. 消滅或減少生產延遲原因
措施	(1) 保持一定數量的在製品庫存	(1) 調整作業分配，支援後進環節	(1) 改進操作方法提高生產效率
	(2) 備有可替代的機器設備	(2) 將交貨餘地大的作業錯後	(2) 加強品質控制
	(3) 配備後備人員	(3) 安排加班	
	(4) 留出機動工作日（或工時）	(4) 安排外協	
	(5) 關鍵工序留出一定餘力	(5) 向其他工廠（包括輔助生產工廠）求援	
	(6) 在設備利用率和生產定額上留餘地	(6) 返修加工不合格產品	
	(7) 安排短週期的生產進度，可以減少在製品佔用量，加速生產流程		

3. 工作方法

在生產調度過程中，掌握一定的工作方法非常重要，一方面需要不斷總結經驗，另一方面要加強學習與交流。為了提高調度的工作效果，點、線、面相結合是一種比較好的工作方法：點，即重點解決生產過程中的瓶頸問題；線，即對產品的生產進行全線的跟蹤與負責；

面，即全面把握生產情況，進行全面的管理和調度。

　　由於企業生產過程的特點不同，不同企業的生產調度工作也有不同的特點，調度者要根據實際採用不同的工作方法。

第十一節　（案例）解決生產問題

　　在電腦線的生產過程中，電腦線外觀不良率佔總不良率的 80%以上，而且經常遭到客戶抱怨與退貨。

　　問題選好了，接著就要制定一個改善目標。例如，目前電腦線外觀不良率是 2.68%，生產管理者的目標是將之降低到 0.68%。當然，制定目標的時候，第一次不要把目標定得太高，目標定得太高就不容易實現。

　　目標制定好了，生產管理者可以把電腦線外觀不良查檢表與電腦線外觀不良查檢記錄拿來進行對比（見表 8-11-1）。

表 8-11-1　電腦線外觀不良查檢表

不良項目＼日期	10月8日	10月9日	10月10日	10月11日	10月12日	10月13日	10月14日	10月15日	10月16日	10月17日	合計
尺寸不良	16	15	14	15	18	13	14	15	15	14	149
表面不良	7	6	8	6	8	6	9	6	7	6	69
SR 露銅絲	1	2	1	3	4	2	1	3	2	3	22
開口	1	0	0	1	1	0	1	1	0	1	6
碰傷	2	0	1	0	1	0	2	0	1	0	7
其他	1	0	1	2	3	2	2	1	1	2	15
合計	28	23	25	27	35	23	29	26	26	26	268
查檢數	1000	1000	1000	1000	1000	1000	1000	1000	1000	1000	10000
不良率(%)	2.8	2.3	2.5	2.7	3.5	2.3	2.9	2.6	2.6	2.6	2.68

當查檢人、查檢時間、查檢週期、查檢方法、查檢數，記錄方式以及判定方式都具備了，生產管理者要根據產品的不良情況，如尺寸不良、表面不良、SR 露銅絲、開口、碰傷等進行數據記錄。當然，這些不良情況的信息都需要定義好。如果信息沒有定義好，得出的數據也會不準確。

有了查檢表以後，生產管理者就可以將查檢表的內容用柏拉圖分析法進行分析了，如尺寸不良、表面不良、SR 露銅絲、開口、碰傷，等等（見表 8-11-2）。

表 8-11-2　電腦線外觀不良統計表

不良項目	不良數	不良率(%)	累計不良率(%)	影響度(%)	累計影響度(%)
尺寸不良	149	1.49	1.49	55.60	55.60
表面不良	69	0.69	2.18	25.75	81.35
SR 露銅絲	22	0.22	2.40	8.21	89.56
開口	6	0.06	2.46	2.24	91.80
碰傷	7	0.07	2.53	2.61	94.41
其他	15	0.15	2.68	5.59	100
合計	268	2.68		100	

統計表做出來之後，生產管理者就可以計算出累計不良率和累計不良影響度，然後透過繪製柏拉圖，尋找導致產品不良的關鍵因素（見圖 8-11-1）。

圖 8-11-1　電腦線外觀不足的柏拉圖分析

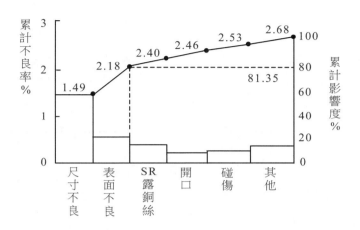

在圖 8-11-1 上，我們可以發現，尺寸不良和表面不良兩項的不良累計影響度達到了 81.3%，比其他因素的影響度大。可見，尺寸不良和表面不良兩項就是主要原因。生產管理者就要針對這兩項做要因分析，尋找對策，其他原因可暫時忽略不計。

1. 尋找對策

現在開始做魚骨圖。假設電腦線尺寸不良為 A、電腦線表面不良為 B。首先分析 A，生產管理者從該問題中找出 A1、A2、A3、A4 四個主要原因，也就是要因。然後，再分析 B，生產管理者可以再找出兩個原因 B1、B2。透過製作魚骨圖，生產管理者就可以把觸兩項的要因分析出來了（見圖 8-11-2 和圖 8-11-3）。

圖 8-11-2   電腦線尺寸不良的原因分析

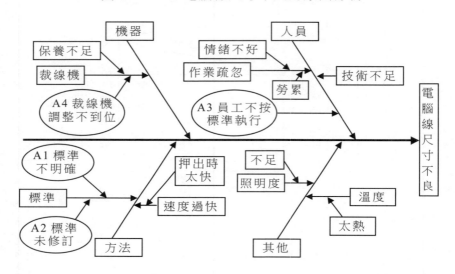

圖 8-11-3   電腦線表面不良的原因分析

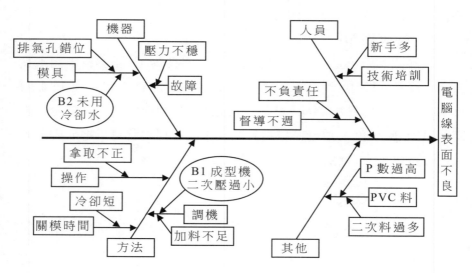

表 8-11-3 對策提出與實施

不良項目	要因細分	對策提出	檢討						提案人	實施計劃	
			效果	費用	可行性	期間	得分	順位		試行日期	負責人
A 電腦線尺寸不良	A1 標準不明確	制定明確的標準	5	5	5	5	20	1	趙軍	11 月 2 日～11 月 8 日	
	A2 標準未修訂	對標準不斷修訂	3	3	b	3	14	4	吳迪	11 月 9 日～11 月 29 日	
	A3 員工不按標準執行	實施教育訓練	5	3	5	5	18	3	陳齊	11 月 16 日～11 月 22 日	
	A4 裁線機調整不夠	實施教育訓練	5	5	5	3	18	3	趙軍	11 月 16 日～11 月 22 日	
		對裁線機進行點檢調整	5	3	5	5	18	2	吳迪	11 月 9 日～11 月 15 日	
B 電腦線表面不良	B1 成型機二次壓過小	將二次壓從 15 千克調至 20 千克	5	5	5	5	20	1	陳齊	11 月 2 日～11 月 8 日	
	B2 未用冷卻水	安裝冷卻水管	5	5	5	3	18	1	徐天偉	11 月 2 日～11 月 8 日	

結合表 8-11-3，表中不良項目有兩個：一是 A 電腦線尺寸不良，

二是 B 電腦線表面不良。要因的細分有 A1、A2、A3、A4 和 B1、B2，針對每一個要因，生產管理者都要提出一個對策，例如標準不明確，就要制定一個明確的標準等。

表格中檢討一欄有什麼作用呢？它是要生產管理者從效果、費用、可行性、期間等方面打分，如果覺得很重要、很可行、費用很低，就可以打 5 分。但是，如果覺得這些方面做得不夠好，也可以打 1 分。如果認為第一項最重要，可以給 A1 打 20 分，A3、A4 打 18 分等。

其實，檢討這一欄也可以不要，但如果有就會使表格顯得更完整。

2.實施對策，對策標準化

標準制定以後，在實施的過程中還需要不斷修訂，而修訂人是另外一個工廠主任，在其他的時間段。如果員工不能按照標準執行，生產管理者就要教育培訓員工，也要找一個人來專門負責。每一個要因都要有一個對策，每一個對策都要有一個執行人，而且還要規定好時間，嚴格按照對策提出與實施的表格執行。

有這表格，生產管理者就能知道原因在那裏，應該採取那些對策，由誰負責實施，什麼時間段實施，等等。當然，對策提出這一欄因表格大小的所限無法詳細列出，生產管理者可以另做詳細計劃。如果對策比較難執行的話，需要制定詳細的執行計劃。計劃提出來以後，生產管理者就要對員工進行培訓，讓員工去實施。在實施過程中，生產管理者還要不斷記錄，做出一個推移圖進行比較（見圖 8-11-4），如第一段是改善前的平均不良率為 2.68%，第二段是改善中的平均不良率為 1.04%，最後一段是改善後的平均不良率為 0.5%。

圖 8-11-4　推移圖比較（改善前後）

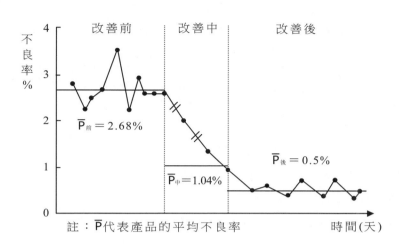

從推移圖上，生產管理者可以看到不良率的改善效果，從改善前的 2.68%變到了改善後的 0.5%，實施效果非常明顯。

生產管理者在畫推移圖時，可以將傾斜度設定得明顯一些，這樣圖形就會更清晰。當然，這個與實施效果無關，主要是為了看起來更舒服一些。

如果對策實施以後，生產管理者覺得效果還不錯，那麼，就可以按照這個流程來制定標準程序，將對策標準化（見表 8-11-4）。

如果在解決問題之前，企業沒有標準，就需要制定一個標準。如果企業已經有了標準，但標準不合適，就必須修訂。例如，企業規定員工的 QC 教育訓練每月是兩個小時，後來發現不夠，就可以把標準改成每月 12 個小時。再例如，原來裁線的設備是一週保養一次，但是後來發現設備用的時間比較長了，已經老化了，如果還是一週保養一次，設備的誤差就會比較大，這樣做出來的產品尺寸誤差也比較

大,就可以將之改成設備每天保養一次。當然,解決問題的最好方法是更換設備,但是更換設備需要成本,如果條件不允許,那就每天保養一次,這樣,設備的精確度也可以得到保障。

表 8-11-4　對策標準化表格

	原訂標準	新訂或修訂標準	修訂	制定
1	無標準	制訂《電腦線尺寸執行標準》	—	✓
2	員工 QC 教育訓練 2 小時/月	員工 QC 教育訓練 12 小時/月	✓	—
3	設備查檢標準:裁線 機點檢 1 次/週	設備查檢標準:裁線 機點檢 1 次/天	✓	—
4	押出機操作規程: 二次壓 15 千克	押出機操作規程: 二次壓 20 千克	✓	—

押出機操作規程也可以根據實際情況改變。如果覺得原來 15 千克的壓力太小了,押出來的物品表面容易起泡,生產管理者就可以把壓力值改成 20 千克。當然,這個 20 千克不是隨便改的,而是透過很多次的調整,最終發現 20 千克的壓力最合適,才把它調整成 20 千克的。也許這個 15 千克的操作規程是注塑機廠家建議的,但 20 千克是根據實際操作情況調整的,是最合適企業的。這說明一個問題,即所有的規則都是可以改變的,都是可以調整的,而不是一成不變的。

將這些項目標準化後,解決問題的成果就固定下來了。如果只做了前面的步驟而沒有把解決問題的方法標準化,時間一長,不良率又將回到以前的數值。所以,效果確認以後,一定要將其標準化,標準化這一步就是為了把改善的成果固定下來。

學習完上述內容後,生產管理者一定要結合企業存在的問題,利

用 QC 手法嘗試解決一下。當然，QC 手法並不一定要全部用上，但是標準程序這一步一定要用。標準程序就是先分析現狀，然後尋找原因，再確定要因，根據要因制定對策、實施對策、檢查效果。如果效果比較好，就可以將其標準化。如果效果不好，就需要重新做，這是解決問題的方法之一。

心得欄
- -
- -
- -
- -
- -
- -

第 **9** 章

生產計劃的插單管理

🔊 第一節　訂單生產日程安排

(一)實施目的

為確保交貨期與提高生產效率，特制定本方案。

(二)訂單生產的含義

訂單生產是指收到客戶的訂單之後再組織生產。

(三)確定權責

1. 生產部負責編制月生產計劃、週生產計劃和製造命令單，並向生產工廠指派工作。

2. 設計部負責根據客戶訂單進行產品設計，並依據設計圖製作材料、零件表。

3. 倉儲部負責根據生產計劃及庫存狀況分析物料需求狀況，並提出採購計劃。

4.生產工廠負責實施生產、控制產能，並將生產進度不斷回饋給生產部。

(四)實施步驟
1.接受訂單
銷售部業務人員按訂單評審程序暫時接收客戶訂單，填寫客戶訂貨單，經銷售部經理審核後交給生產部和物料控制人員。

2.制訂生產計劃
(1)銷售部根據產能負荷資料決定是否接收訂單，超出負荷時應與生產部協商，共同制訂合理的銷售計劃。

(2)生產部應與銷售部協調，明確訂單數量，並根據輕重緩急制訂生產計劃，以符合出貨計劃。

(3)生產部根據銷售計劃制訂月、週生產計劃。

3.制訂生產作業計劃
(1)編制各項訂貨產品的投入(出產)綜合進度計劃表。

(2)分工廠、班組平衡能力與任務。

(3)任務與能力平衡後，運用生產週期圖表，在綜合進度計劃中摘錄出屬於每個工廠當月應該投入和出產的任務，並按照訂貨先後順序確定各產品零件在各個技術階段的投入、出產日期，得出當月每個工廠的生產任務。

4.制訂人工、設備、材料和進度計劃
(1)倉儲部根據生產作業計劃及庫存分析物料需求狀況，並提出採購計劃。

(2)採購部根據採購計劃和採購訂單進行訂貨，並制定採購進貨進度表。

5.生產負荷評估

⑴生產部根據客戶訂貨單做生產計劃賬目。生產部經理根據生產能力負荷表上所顯示的生產能力組織生產能力負荷評估。

⑵若生產能力負荷評估確認生產能力可以實現，則由生產計劃員、物控員與貨倉人員確認物料是否可以滿足生產。如不能滿足，則由物料控制人員填寫物料請購計劃表並通知採購人員。

⑶採購人員根據物料請購計劃表詢問有關廠商是否能滿足交貨期，得到肯定的答覆後，將結果回饋給物料控制人員，由物料控制人員開出請購單，採購人員根據採購控制程序進行採購作業。

⑷若生產能力負荷評估的結果會影響訂單交期者，則生產計劃人員應通知銷售部門相關人員與客戶協商，客戶同意後即可正式接受訂單。

6.安排生產計劃

⑴生產計劃員根據客戶訂貨單的接單狀況，依產能負荷預排四週內的月生產計劃表，以作為生產安排的初步依據。生產計劃人員每週應更新月生產計劃表（見下表 9-1-1）的資料，以作為生產進度控制的依據。

表 9-1-1　月生產計劃表

零件名稱	全月任務	項目		工作日									…	29	30	31
				1	2	3	4	5	6	7	8	9				
A		出產	計劃													
			實際													
		投入	計劃													
			實際													
B		出產	計劃													
			實際													
		投入	計劃													
			實際													
C		出產	計劃													
			實際													
		投入	計劃													
			實際													
D		出產	計劃													
			實際													
		投入	計劃													
			實際													

⑵生產計劃人員依據月生產計劃表排出具體的週生產計劃表（見下表 9-1-2），作為生產執行的依據。

表 9-1-2　週生產計劃表

訂單號碼	客戶代碼	產品名稱	訂單數量	生產部門	庫存	交貨期						
						週一	週二	週三	週四	週五	週六	週日

表 9-1-3　製造通知單

日期：＿＿＿＿年＿＿月＿＿日

生產部門			
生產單號		生產日期	
產品名稱		產品編號	
產品規格		生產數量	
使用材料							

料號	品名	規格	單位	單機用量	標準用量	SPARE	備註

製造方法	
完成日期		生產計劃主管	
移交單位		生產計劃員	

7.進行工作指派

(1)生產計劃員應將經生產計劃主管核准後的週生產計劃表與製造通知單(五聯)交各生產工廠，準備領料，一聯交倉儲部門進行備料、一聯交物料控制人員作賬、一聯交財務部門、一聯自留存檔。製造通知單如上表 9-1-3 所示。

(2)生產計劃員同時填寫制程標識單，交生產部確認後分發給生產工廠安排生產。

(3)生產工廠按照生產計劃實施生產，控制產能，並將生產進度不斷回饋給生產部。

第二節　生產緊急插單處理方案

(一)目的

在不打亂原有生產計劃的前提下，更好地處理緊急插單問題，特制定本方案。

(二)緊急插單的界定

本方案的緊急插單指的是在生產計劃已經安排好，且客戶沒有事先通知工廠的情況下要求新增的訂單。

(三)緊急插單的接收與評估

1. 工廠接收到緊急插單後，要對緊急插單做出評估，並分別對緊急插單的金額、時間和相關因素進行數據統計分析。

2. 通過研究，結合過去訂單生產數據進行綜合評估，做出緊急插

單承接與否的決定。緊急插單的評估系統如圖 9-2-1 所示。

(四)召開緊急生產決策會議

對緊急插單進行評估後，如決定承接該緊急插單，就要及時召開緊急生產決策會議。緊急插單決策會議主要參加人員、會議討論要點及會議討論成果如下所示。

1. 緊急生產決策會議參加人員

緊急生產決策會議的主要參加人員包括總經理、生產總監、生產部經理、財務主管、行政主管、技術主管、品質主管、銷售主管、人事主管、採購主管、工廠主任、庫存管理人員及作業人員代表等。

圖 9-2-1　緊急插單評估系統

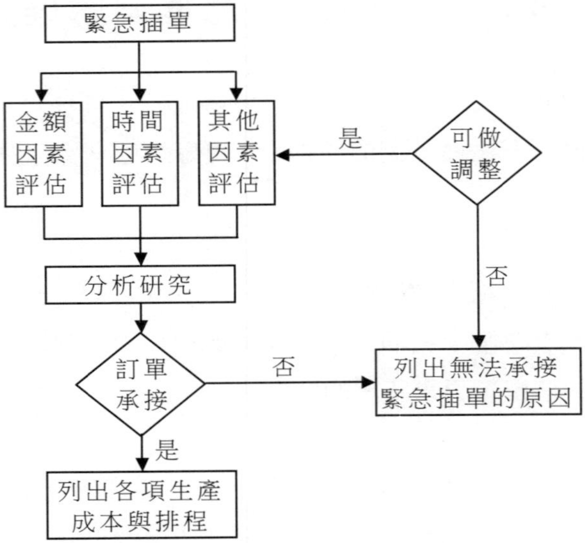

2.緊急生產決策會議討論要點

(1)如何合理安排緊急生產任務。

(2)如何有效執行原有生產計劃。

(3)制定可以有效提升緊急生產產能的方案。

(4)按此方案，多長時間可以完成緊急插單的生產。

(5)在緊急插單的生產過程中，可能會遇到那些困難。

3.緊急決策會議成果

(1)明確緊急插單生產的作業安排思路。

(2)預估緊急插單的完成時間以及可能遇到的困難。

(3)列出緊急插單生產所需的資源和支持。

(4)明確各個部門下一步的工作內容和目標。

(5)成立緊急生產小組。

(五)緊急插單生產管理小組及相關人員職責

1.緊急插單生產管理小組組織結構

緊急插單生產管理小組是一個臨時組織，主要負責緊急插單的生產管理。其組織結構如下圖所示。

圖9-2-2　緊急插單生產管理小組組織結構圖

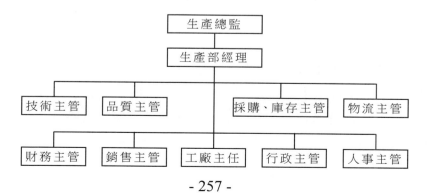

2.緊急插單生產管理小組的職位及工作職責

緊急插單生產管理小組各成員職位及工作職責如下表所示。

表 9-2-1　緊急插單生產管理小組各成員的工作職責一覽表

成員	職位	職責
生產總監	組長	根據總經理的指示全面負責緊急插單生產的規劃與協調工作,是緊急插單生產的直接責任人
生產部經理	副組長	制定緊急插單生產計劃及生產作業方案,安排、指導和監督整個生產系統各個部門主管的工作,完成組長下達的生產任務和要求
財務主管	成員	負責緊急插單生產所需資金的審核和發放工作
銷售主管	成員	與客戶保持有效的溝通,及時解決緊急插單生產過程中的難題
行政主管	成員	做好生產的後勤保障工作
人事主管	成員	招聘臨時工,制定緊急插單生產的績效考核制度
技術主管	成員	確保生產技術符合客戶要求,且便於作業人員操作
品質主管	成員	制定緊急插單生產的產品檢驗標準,監督緊急生產過程並控制產品品質
工廠主任	成員	下達緊急生產任務,指導和監督作業人員
採購、庫存主管	成員	保證及時供應物料
物流主管	成員	負責物料、半成品和成品的運輸

(六)緊急插單生產

1.緊急插單作業計劃的制訂

緊急插單生產作業計劃的制訂應以原生產計劃的調整為基礎,合理分配工廠的有限資源,緊急插單工作計劃的制訂策略包括以下六種,如下表所示。

表 9-2-2　緊急插單生產作業計劃制訂策略

原生產計劃	緊急插單生產計劃	
調整方式	制訂策略	策略說明
保持不變	混合生產	結合內外資源，提高生產能力。增加生產人員和工作時間，進行緊急訂單生產，或將部份或全部的緊急訂單生產任務外包給其他工廠，以確保按時交貨
暫停	自製生產	利用工廠自身的生產能力，增加生產人員和工作時間，進行緊急生產，以確保按時交貨
延遲	自製生產	利用工廠自身的生產能力，增加生產人員和工作時間，進行緊急生產，以確保按時交貨
外包	外包生產	將部份或全部的緊急訂單生產任務外包給其他工廠，做好品質控制工作，以確保按時交貨
外購	外購組裝	用外購緊急插單需要的部份或全部零件組裝出成品，以確保按時交貨
利用庫存	利用庫存	調出庫存成品，減少緊急插單生產任務，選擇自行生產、外包、外購的方式生產，確保按時交貨

2.緊急插單生產進度的控制

　　緊急插單生產進度控制是指對生產產量和生產期限進行控制，目的是保質、保量、按期完成生產任務。其進度控制的步驟如下：

　　⑴生產工廠統計員從緊急生產現場採集相關生產進度和生產質量數據；

　　⑵生產調度員將採集的數據與作業標準數據（進度計劃和品質標準）進行對比；

　　⑶根據對比結果分析產生偏差的原因，由緊急插單生產管理小組重新決策並採取調整措施。

3.緊急插單生產偏差的控制

(1)分析緊急插單執行偏差出現的原因。緊急插單生產偏差產生的原因主要分為九種，如下表所示。

表 9-2-3　緊急插單生產偏差產生原因一覽表

計劃原因	執行原因
1.訂單產品的設計和生產技術頻繁修改	1.生產設備、工具臨時發生故障
2.生產能力資料不準確	2.動力供應或廠外運輸突然中斷
3.生產技術準備工作安排失誤	3.核心技術操作人員出現意外
4.工作定額不準確	4.生產計劃外的大量次品
5.期量標準不準確	5.材料及在製品失散、損壞和變質
6.外購外協計劃沒有落實	6.對已發生的偏差處理遲緩，造成生產中斷
7.庫存控制指標不合理	7.生產之間的銜接發生混亂
8.生產作業計劃銜接失誤	8.生產作業進度控制不合理
9.生產設備、工具維護檢修計劃失誤	9.隨便更改作業命令，造成失誤

(2)控制緊急插單生產偏差的方法。作業控制面臨的偏差主要表現為產量不足、進度落後，調整和消除偏差的關鍵在於如何提高生產進度，如下表 9-2-4 所示。

(七)緊急插單生產的總結分析

緊急插單生產完畢後，緊急插單管理小組要對緊急插單生產進行總結分析，確定以下緊急插單生產的預防辦法。

1.適當保持一些採購期較長物料的安全庫存，供應商的配合很重要，應多選一些配合意識強、供貨品質高、回應快的供應商。

2.在安排生產計劃時，應儘量把交期相近、產品類似的訂單放在一起生產，以節省生產線切換所佔用的時間。

3.對工廠的客戶實行分等級管理，保留和增加優質客戶，不斷淘汰無價值的客戶，是否允許插單要先審查客戶資信與優先順序。

表 9-2-4　緊急插單生產偏差控制方法

方法	具體措施
在計劃中預先留有餘地	1. 保持一定量的在製品、原材料和成品庫存 2. 備有可替換的生產設備 3. 配備有後備人員 4. 留出機動時間 5. 關鍵工序留出一定餘力 6. 在設備利用率或生產定額方面留有餘地 7. 安排短週期的生產進度，減少在製品佔用量
使延遲恢復正常	1. 調整作業分配，抽調其他環節的能力支持重要環節 2. 改變作業先後順序，將交貨期餘地較大的作業錯後 3. 安排加班 4. 安排外協 5. 向其他工廠（包括輔助生產工廠）求援 6. 返修加工不合格工件
減少產生延遲	1. 改進操作方法或改進工夾具 2. 加強品質控制，減少廢、次品 3. 加強設備維護保養 4. 加強原材料、零件的驗收 5. 後道工序生產人員要加強對前道工序生產製品的品質檢驗 6. 加強器具管理，採用標準化和數量固定化的先進工位器具

第三節　生產插單管理與控制

為保證完成既定的生產量，充分利用企業的生產能力，應採取積極的措施處理緊急訂單。在自身生產能力不足的情況下，可以適當考慮產品或零件外包生產，以降低生產成本，限制過度開發生產能力。

一、訂單頻繁變更的處理方法

由於客戶或企業內部需求變化或調整，例如客戶取消訂單；修改訂單數量、交期和單價；企業已經停止該訂單的產品等，企業需要對原客戶訂單相關內容進行變更。

1.對應職責

企業應建立相應的訂單變更處理制度，由企管部負責審核執行，經總經理批准執行。

表 9-3-1　訂單變更申請單

申請日期：

訂單編號：		交易日期：	
客戶：		客戶確認日期：	
訂單變更原因：			
序號	產品名稱及型號		交易金額
小計			
主管領導審批：		經辦人：	

發生合約或訂單變更，業務部負責收集和整理訂單變更信息；業務總監助理或內勤人員負責提報《訂單變更申請單》；業務總監負責審核《訂單變更申請單》（如表 9-3-1 所示）。

2.基本工作流程

包括訂單變更信息收集和訂單變更需求資料整理等內容。

(1)訂單變更信息收集

訂單變更多由客戶通過電話、傳真、電子郵件等方式，向業務經理或客戶服務部提出訂單變更要求或投訴。

(2)訂單變更需求資料整理

客戶訂單變更包括交期提前、交期延遲、產品變更、價格變更、產品數量增加、產品數量減少、付款方式變更和技術變更等情況。

①交期提前

客戶要求交期提前，企業應調整生產計劃排程，評審產能負荷；採購部應評審相應採購是否能夠滿足交期，如需緊急採購，應提供緊急採購的額外成本數據。

②交期延遲

客戶要求交期延遲，企業應調整生產計劃排程；採購部應調整採購計劃，以保證既滿足交期，又不佔用資金。

③產品變更

客戶提出變更產品，工程技術部評審該產品變更是否引起其他部件變化；採購部調整採購計劃，評審採購是否能夠滿足交期要求，並提供所需新產品的詢價報告，如需緊急採購，應提供緊急採購的額外成本數據；已經採購的非標件，需要提供可能發生的損失報告；業務部根據詢價報告，重新確定產品銷售價格。

④價格變更

客戶提出變更價格，財務部應提供價格變更後訂單損益分析；業務部應根據財務部提供的訂單損益分析與客戶溝通價格減少幅度。

⑤產品數量增加

客戶提出增加訂單產品數量，財務部應評審客戶預付款金額是否達到增加後總金額的相應比例；生產部應評審產能負荷，是否需要延遲交期，如果需要延遲交期，由業務部和客戶溝通，達成一致；採購部應評審庫存物料能否滿足交期。

⑥產品數量減少

生產部應依據客戶產品減少的要求，調整生產計劃排程；採購部應調整採購計劃；業務部門應評審是否需要調整價格，例如之前的銷售價格是否對批量做了折扣；產品數量減少需要退貨，財務部及採購部應提供損失報告。

⑦付款方式變更

客戶提出變更付款方式，財務部應評審變更付款方式後是否在客戶的授信額度內。

⑧技術變更

客戶提出變更技術，工程技術部應評審技術能力能否達到變更要求，並提供技術變更設計方案和新產品結構圖；採購部應根據新的產品結構調整採購計劃，如需緊急採購，應提供緊急採購的額外成本數據；已經採購的非標件，應提供可能發生的損失報告；生產部應及時調整生產計劃排程，評審產能負荷，是否需要延遲交期；業務部應根據新產品詢價報告，重新確定產品銷售價格和交期。

二、緊急訂單的處理技巧

在實際生產過程中，經常出現緊急訂單，包括取消訂單、緊急插單、變更數量和變更產品功能等，打亂了生產計劃，影響整體生產進度。緊急訂單的基本處理方法，如表 9-3-2 所示。

表 9-3-2　緊急訂單的基本處理方法

方法	說明
建立信息系統	建立靈活的企業內部信息管理系統，接到緊急訂單能夠迅速查看滿足此訂單的相應物料的庫存及採購狀況和生產線的能力佔用狀況，如果接受此訂單，可能對那些訂單產生影響，客戶能否接受
順暢製造流程	建立完善的管理體系，保障整個系統不會由於計劃變更而混亂，影響工作效率，同時輔之以必要的信息系統和較高的行政效率
保持安全庫存	適當保持採購期較長物料的安全庫存，選擇配套能力強的地區和供應商

在處理緊急訂單過程中，必須掌握以下基本技巧：

· 對於必須接受的緊急訂單，例如大單、大客戶訂單，應及時與物控部和採購部在物料供應方面達成一致，保證物料的供應及時。

· 組織工廠和班組開會討論，進行生產動員。

· 進行必要的人員、設備、場地和工具調整，同時進行技術指導、員工技術培訓。

· 組織有關人員詳細規劃生產細節，及時調整工作時間，正確使用加班，適時採用輪班制。

· 認真進行總體工作分析，通過優化生產組合與計劃組合，發現剩餘生產空間，對於本工廠和班組無法解決的問題或困難，應及時上報並取得支持。加強人員重組與調動的管理，合理進行設備、物料人員的再分配，保證達到最佳效果。

· 有效地使用獎懲手段，強化執行力度。

第四節　生產插單管理的技巧

在生產活動中，由於客戶要求變更、生產品質問題原因，會出現插單問題。若處理不當，就會打亂整個生產計劃，嚴重影響生產進度。

一、生產插單作業的應對技巧

在生產作業過程中，生產插單的作業應對技巧，應從以下 3 個方面著手。

1. 從銷售部和客戶角度出發

· 與銷售部及客戶溝通產品供貨週期。讓客戶清楚地知道臨時計劃對生產造成的影響，並向他們解釋和通報生產狀況，力爭取得諒解。

· 對訂單進行年度分析，得出訂單的需求規律，以及產品出貨的穩定性，對於用量大、品質穩定和庫存空間相對較小的產品，在訂單不緊的情況下做計劃型生產。

2.從生產管理的角度出發

- 產能預測要留有一定空間，以備緊急插單使用。
- 對於不得不接的急單（例如，大單、重要客戶訂單），要及時與物控部、採購部等達成一致，以免由於材料跟不上而造成損失。
- 縮短生產週期。
- 加強內部的供貨意識，縮短供貨信息的傳遞流程。
- 組織有關人員詳細地規劃生產細節。

3.從工廠和班組的角度出發

- 及時調整工作時間，適時採用輪班制。
- 組織各工廠、班組開會討論，進行生產動員，鼓舞士氣，並調整人員、設備、場地和工具，提高資源利用率。
- 進行總體工作分析，並通過優化生產組合與計劃組合，發掘剩餘生產空間。
- 對於本工廠、班組無法解決的困難，要及時上報或取得其他部門的支持。
- 實行外向。

二、插單產量規劃和過程控制

進行生產插單產量規劃和過程控制，是生產主管的一項重要的工作內容。下面以案例分析的形式，闡述如何進行插單產量規劃和過程控制。

⑴某工廠生產單一產品 A。在正常生產條件下，生產計劃（產量規劃）如表 9-4-1 所示。

表 9-4-1 A 產品月生產計劃表

產品名稱	月計劃總產量		週計劃產量(共 8 週)							
時間段	1 月份	2 月份	1	2	3	4	5	6	7	8
產品 A(件)	800	800	200	200	200	200	200	200	200	200

如沒有意外，則按上述生產計劃執行，並保證到 2 月末完成生產任務。

⑵應客戶要求，在 1 月末出現生產插單，要求增加 100 件產品，並在 2 週之後交貨。

解決方法：

‧ 與銷售部溝通，陳述生產困難或請求上級支持。

‧ 如果可以拒絕，則放棄插單，按原計劃進行生產。

如果必須接受，就應按以下 3 種方案進行實施。

①在工廠生產能力充足，對原生產計劃沒太大影響的情況下，可將插單生產量直接列入原有計劃，並迅速調整生產計劃。可利用第 5、6 週時間，通過加班、增加勞力或者調入庫存等方式，以每批 50 件的方式加入原生產計劃中，如圖 9-4-1 所示。

圖 9-4-1 將插單產量加入原計劃

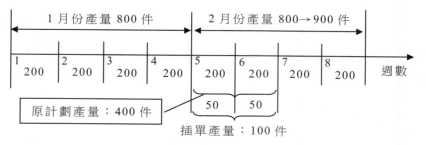

②暫停原生產計劃，開始生產插單產品。在完成插單任務後，再

繼續執行原生產計劃。當然這種情況，必須與客戶或銷售部等協商，或者交貨期可以推遲的前提下方可進行。具體過程如圖 9-4-2 所示。

圖 9-4-2　暫停原計劃生產插單產品

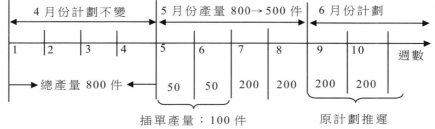

③為了不影響原生產計劃，將產品外包並有效跟進，或將部份產品通過以上兩種方案安排生產，將另外一部份進行外包。

三、有效控制插單的 5 種措施

在生產過程中，控制生產插單的措施包括以下 5 種。

1. 建立靈活的企業內部生產管理運作系統

建立靈活的企業內部生產管理運作系統（例如，ERP）。當接到緊急訂單時，能迅速查到為滿足此訂單所需要的物料、資源（能力需求），相應物料的庫存和採購狀況，以及生產線的能力佔用狀況。如果接單，那些訂單將要受到影響（即推遲），這種影響客戶是否能接受等，然後立即按照上面介紹的應對技巧進行安排。

2. 建立順暢的生產流程

順暢的生產流程只有以完善的管理體系做基礎，才能使整個生產系統不會因為計劃變更而變得混亂，不會影響工作效率，這樣一來，不僅對各層生產管理人員要求很高，而且還必須有各部門的相互溝通

和配合。

3.適當保持安全庫存

對採購期較長的物料要制定安全庫存，這樣一來，當出現生產插單時，不必擔心物料短缺，並能夠迅速調整生產計劃，組織生產。

4.設立生產插單處理小組

如果臨時插單生產的產品與原產品相同或相似，可以抽一部份人，組成生產插單處理小組，來完成插單任務，完成後，就可以繼續執行原生產任務。不過，這部份員工的專業技能要突出，並能夠同時操作幾個工序。

5.以價格區別的方法，要求客戶做出精確的計劃

⑴規定允許生產插單的比例，超過部份按急單加收費用，以此給客戶增加壓力，減少急單比例。

⑵每月初與客戶進行事先分析，並確定基本需求量，優先安排生產。對出貨量大、常用的品種應以常備庫存量應對臨時出貨，節省下來的時間安排生產客戶的臨時訂單。

⑶與客戶建立快速溝通機制，並嘗試與客戶的銷售部建立聯繫，以便第一時間得到信息，從而提高反應速度。

第五節　訂單生產計劃控制辦法

第一章　總則

第一條　目的。

為規範生產訂單與生產計劃編制管理，嚴格貫徹以訂單為核心的生產運作系統，根據公司相關管理制度的規定，特制定本辦法。

第二條　適用範圍。

本辦法適用於生產計劃編制與管理工作。

第三條　管理職責。

1. 銷售部負責及時提供銷售訂單信息。

2. 生產部負責根據銷售部提供的訂單信息編制生產計劃，並組織生產活動。

3. 技術部負責根據銷售部提供的訂單信息進行產品設計與工裝、模具的研製。

4. 採購部負責根據生產部編制的生產用料計劃，及時採購所需物資等。

第二章　訂單確認與評估

第四條　訂單接收。

銷售部負責將新接收的銷售訂單在第一時間發送至生產部，並由生產管理人員負責將銷售訂單信息登記、匯總。

第五條　訂單初步確認。

生產管理人員接收訂單後，一個工作日內需要對訂單進行初步判斷，其項目包括如下幾項：

1. 是否屬於常規產品。

2.產品庫存量。

3.生產該產品是否需要特殊物料(非本公司常備物料)。

第六條　訂單綜合評估。

如果訂單數量較大或金額較高,則需要由生產部組織採購部、倉儲部、技術部、財務部和銷售部召開生產協調會議,以確認生產訂單是否能夠完成。生產協調會議內容包括:

1. 技術部確認非常規產品能否按照客戶要求進行設計,並在規定時間內完成全部設計工作。

2. 採購部確認非常備物料能否在規定時間內完成採購。

3. 生產部確認目前產能是否支持在規定時間內完成生產訂單。

4. 財務部確認該訂單生產成本與利潤比是否符合公司要求。

第七條　訂單評估結果回饋。

訂單通過評估的,則由銷售部負責與客戶接洽,簽訂正式合約,並由生產部組織編制生產計劃;訂單未通過評估的,則由銷售部負責與客戶溝通、解釋相關情況。

第三章　生產計劃編制與審核

第八條　生產部負責根據綜合評估結果,結合產品以及物料庫存情況,編制生產計劃,並根據訂單情況填寫「產品生產用料計劃」以及「產品技術研發申請單」。

第九條　生產計劃編制完成後,經生產部經理審核,報請生產主管副總批准後可正式下發。

第四章　生產計劃實施

第十條　生產部根據生產計劃內容,將計劃分解至各相關生產單位。

第十一條　技術部根據生產部提交「產品技術研發申請單」,在

規定時間內完成圖樣設計、工裝或相關生產模具研發等工作。

第十二條　採購部根據生產部提交的「產品生產用料計劃」，結合庫存物料的情況，具體負責所缺物料的採購工作，並在規定時間內補充庫存。

第十三條　各生產工廠根據生產部下發的生產計劃書，結合本工廠的產能情況，進行生產排程。

第五章　訂單生產計劃後期跟進

第十四條　生產部需定期派人對生產工廠進行巡視，以確定訂單完成情況，並進而判斷能否在規定時間交貨。如訂單不能按計劃完成，則需考慮採取如下措施：

1. 適當增加員工加班時數。

2. 外包部份產品。

3. 適當補充人力等。

第十五條　生產部在巡視期間發現問題，應及時會同有關部門協商。如訂單確無法在規定時間內完成，則需請銷售部負責與客戶協商，以尋求更好的解決方法。

第十六條　訂單生產完成後，生產統計人員需要及時對訂單數據進行匯總、統計。統計項目包括：

1. 訂單總用工時數。

2. 訂單用料總量、廢料總量以及生產過程中產生的不合格品數量等。

第六章　附則

第十七條　本辦法由生產部負責制定、解釋及修改。

第十八條　本辦法經總經理批准後生效。

第 *10* 章

生產計劃管理工具

第一節　生產計劃的管理圖

　　管理圖是用於把作業維護在透過統計管理的狀態，可分為計量管理圖與計數管理圖。

1. 管理圖的使用方法

　　平常懂得維護健康的人，每天都會測量一下體溫什麼的，一旦發現身體有了異狀，就會立刻去看醫生。尤其是血壓高的人，每天測量血壓作記錄的似乎不在少數。

　　像這樣的作法，運用於工廠生產現場所實行的品質管理，也就形同每天量血壓作測量記錄這樣的健康管理了。

　　在此所謂的管理圖就是品質管理圖之略。這是針對產品的尺寸、硬度、品質不良率、瑕疵……等等的特性進行詳盡的調查，由此人們可以既輕而易舉又有效地取得有關本項產品的集體情報，品質管理圖可說就是這項作業的結晶。

　　管理圖的用途就在於使生產的各種條件維持在正常而且穩定的

狀態，這種情況一般稱之為透過統計管理的狀態。為了維護這種健全的狀態，就要以中心的管理限界設定上下限，情況控制在管理狀態的就是在管理限界內，是穩定的作業情況，反之，如果逾越在限界之外，那就是異常狀態，以此來作為區分。

2.各式各樣的管理圖

品質管理圖按用途大致上可分為計量管理圖和計數管理圖兩種。

(1)計量管理圖

·$\overline{X}-\overline{R}$ 管理圖——品質特性的數值管理，舉凡針對長度、重量、時間、電阻、抗張力強度、純度………等等的品質管理。如為平均值的變化者則用 X 管理圖；至若為不均衡變化的則用 R 管理圖來遂行管理作業。

·$\overline{X}-R$ 管理圖——$\widetilde{X}$(Median)，是中數的意思，奇數資料時的中央值、偶數資料時的中央值，這兩種數據的平均謂之。亦即 $X-R$ 管理圖是中央值及範圍的管理圖。

X 管理圖——測定每個個體數值的管理圖，適用於剖析大的變化。而，在 X 管理圖中所求的管理界限的係數為 A_2，而在 X 管理圖裏，則系使用 E_2 來算出管理的限界。

(2)計數管理圖

P 管理圖——也可說是產品不良率管理圖是以不良產品數目 P_n 除以產品檢體的總數，來求出產品的不良率，然後據此進行改善生產管理的作業。

P_n 管理圖——亦可稱之為不良產品數管理圖，就檢體中發現不良產品數 P_n 來進行品質管理時使用。

C 管理圖——亦可稱之為缺點數管理圖，將包含在各批產品中的缺點數 C 清點出來，據此進行品質管理時使用。此法對於電鍍產生針

孔現象或檢驗布料瑕疵等的作業頗有成效。

3.管理圖的製作方法

把代表品質的各個點填注在管理圖上，然後以中心線、管理限界上限、管理限界下限來做比較，研討剖析出作業狀況是否正常或異常。

為了要做到這一點，在此奉獻大家不妨對於往後仍會持續進行的作業，找出數據來訂定基準管理線才好。

以下就來說明 $\bar{X}-R$ 管理圖的製作方法。

⑴例如，在 20～25 批的貨品中，每批各取 4～5 個樣本，取得它們的數據。

⑵計算出各批產品品質的平均值 X。

⑶將各批產品的最大值減去最小值，求出品質差距範圍 R。

⑷把上述數據填入備妥的品質 X－R̄ 管理圖內。

⑸把中心線(CL)、上方管理限界線(UCL)以及下方管理限界線(LCL)等計算出來，填入品質管理圖內。

4.品質管理圖呈現異常狀態的解讀方法

要維持產品的正常生產，就得時時參照品質管理圖來判別產品是否有異常的現象才行。

⑴管理狀態——品質曲線位於上下管理限界內，而且繞著中心線呈上下均衡擺動的狀態。

⑵管理限界外——當品質曲線突破上下管理限界之外時，則系顯示產品的品質已經亮起紅燈。

⑶連續相連達七點以上時——如在中心在線下任何一方出現連續相連達 7 點以上時，即表示產品品質出現異常的狀態。

⑷上升、下降的傾向——如品質評價點連續上升或下降達 7 點以上時，則為異常的現象。

(5)週期性現象——雖然品質評價曲線看來不錯，但細看卻是呈現固定週期性的升降現象，這時就得細查究個中蹊蹺了。

第二節　生產計劃的常用表格

一、年度生產計劃表

(一)年度生產計劃表(產品)

填表日期：＿＿＿年＿＿月＿＿日

月份＼產品名稱		A產品	B產品	C產品	D產品	……	月小計
1月	單價						
	數量						
	金額						
2月	單價						
	數量						
	金額						
3月	單價						
	數量						
	金額						
4月	單價						
	數量						
	金額						

續表

5月	單價						
	數量						
	金額						
6月	單價						
	數量						
	金額						
7月	單價						
	數量						
	金額						
8月	單價						
	數量						
	金額						
……	單價						
	數量						
	金額						
12月	單價						
	數量						
	金額						
年度合計	數量						
	產值						

審核人： 填表人：

(二)年度生產計劃表(生產線)

生產線別：＿＿＿＿ 年正常工作小時：＿＿＿＿ 年最長工作小時：＿＿＿＿

日期：＿＿＿年＿月＿日

產品名稱	年度預產量	季預產量	週預產量	每小時預產量	週生產小時（理想工作時間）	週生產小時×@（預計工作時間）

審核人： 填表人：

二、年度產銷計劃表

填表日期：＿＿＿＿年＿＿＿月＿＿＿日

品名	單價	銷售數量	銷售金額	生產數量	生產金額	存貨數量	存貨金額	材料成本	人工費用	生產費用預計	銷售費用預計	利潤

總經理： 生產總監： 審核人： 填表人：

三、季生產計劃表

填表日期：＿＿＿年＿＿月＿＿日

產品 名稱	全年 預產量	第1季預產量 （1～3月）	第2季預產量 （4～6月）	第3季預產量 （7～9月）	第4季預產量 （10～12月）
合計					

總經理：　　　　　生產總監：　　　　　審核人：　　　　　填表人：

四、季產銷計劃表

季：＿＿＿＿＿　　　　　　　　　填表日期：＿＿＿年＿＿月＿＿日

產品 名稱	型 號	＿＿＿月				＿＿＿月				＿＿＿月			
		期初 存量	預計 產量	預計 銷量	期末 存量	期初 存量	預計 產量	預計 銷量	期末 存量	期初 存量	預計 產量	預計 銷量	期末 存量

總經理：　　　　　生產總監：　　　　　審核人：　　　　　填表人：

五、月生產計劃表

月份：_____　預定工作日數：_____　填表日期：____年___月___日

生產批號	產品名稱	數量	金額	生產部門	生產日期 起	生產日期 止	預計銷售日期	所需工時	預計成本 物料成本	預計成本 人工成本	預計成本 製造費用	毛利

配合部門工時		預計生產目標	
設備組		產值	
質檢組		總工時	
包裝組		每工時產量	

審核人：　　　　　　　　　　填表人：

六、月產銷計劃表

月份：_____　預定工作日數：_____　填表日期：____年___月___日

產品名稱（規格）	本月計劃銷售數量	本月庫存數量	本月計劃生產數量	本月計劃開機台數	物料用量計劃 原材料	物料用量計劃 輔料	物料用量計劃 其他物料

覆核人：　　　　　　審核人：　　　　　　填表人：

七、週別生產計劃表

____月 第____週　　　　　　　　　填表日期：____年___月___日

訂單號	工令號	客戶名	型號	規格	生產量	計劃日程（計劃產量）						
						週一	週二	週三	週四	週五	週六	週日
合計												

審核人：　　　　　　　　　　　　　填表人：

註：1. 此表可依據月生產計劃的執行情況加以修訂。

2. 依據產品生產所要求的標準制定日程。

八、日別生產計劃表

填表人：_____　　　　　填表日期：____年___月___日

起止時間	產品編號	計劃產量（累計）	實際產量（累計）	差異
___：___至___：___				
___：___至___：___				
___：___至___：___				
___：___至___：___				

註：1. 可以使用看板，將該表放置在生產部門前。

2. 依時間段（或產品別）記錄實際產量。

九、生產線日計劃表

生產線別：_____　　　　生產日期：____年___月___日

品名	型號	交貨期	批號	生產單號	生產工序	所需人數	預計產量	累計數量	進度控制數據			
									9點	12點	15點	18點

填表人：　　　　　　審核人：　　　　　　　　覆核人：

註：1. 當日下班前，各班組長要填寫次日生產計劃。

　　2. 進度控制數據一欄中填寫計劃產量。

十、班組日產量記錄表

編號：_____　　記錄人：_____　　生產日期：____年___月

生產班次	產品名稱	上班結存量	本班產量	本班結存量	移交時間	移交人	點收人
早班							
中班							
晚班							

第三節　生產計劃的執行控制工具

一、生產指令單

下達者：_____　　指令對象：_____　　指令日期：____年___月___日

指令編號		訂單編號	
客戶名稱		產品名稱	
產品規格		產品數量	
交貨日期		完成日期	
投產日期		實際完成日期	
材料使用情況			
材料名稱		領用日期	
領用量		實際用量	
領用人		出庫檢驗員	
製造方法			
移交情況說明			
移交單位		移交日期	
廠長簽字		生產部經理簽字	

二、生產進度表

(一)月生產進度表

使用部門：＿＿＿＿＿＿　　　　　　　　　　第＿＿＿＿副本

部門	生產項目	生產日程							備註
		1	2	3	……	29	30	31	
生產線一									
	更改記錄								
生產線二									
	更改記錄								
生產線三									
	更改記錄								

核准人：　　　　　　　　　　　　　擬定人：

(二)工段(班組)月生產進度表

零件名稱	本月任務	項目		工作日程								
				1	2	3	4	5	…	29	30	31
		產出	計劃									
			實際									
		投入	計劃									
			實際									

三、生產進度計劃表

品名＼日期	1月	2月	3月	4月	5月	6月	7月	8月	9月	10月	11月	12月	數量	單價	金額
人員需求圖	50												50	人員數量	
	40												40		
	30												30		
	20												20		
	10												10		
		1	2	3	4	5	6	7	8	9	10	11	12		日期

四、生產進度控制表

生產編號			預計日程			
品名		規格		數量		品質		負責人	
作業工序	生產部門	預計日程	進度審核及記錄	開始日期	完成日期	驗收情況

五、生產任務分派單

編號：_____　　　　　　　　日期：____年___月___日

產品名稱		產品數量	
產品規格		包裝形式	
開工時間		完工時間	
任務完成情況	產量		
	品質		
任務下達人		任務完成人	

廠長：　　　　　　上級主管：　　　　　擬定人：

六、生產更改通知單

編號：_____　　　　　　日期：____年___月___日

通知部門		抄送通知	
更改事項		原定事項	
更改原因		備註	

發單部門：　　　　審核人：　　　　填單人：

七、生產異常報告單

(一)生產過程異常報告單

日期：____年___月___日

發生異常工序：		異常表像：		
異常內容	1.			
	2.			
	3.			
異常原因	1.			
	2.			
	3.			
處理措施	1.			
	2.			
	負責人		處理時間	___年___月___日～___年___月___日
結果	1.			
	2.			
	3.			

(二)生產異常狀況報告單

編制人：

生產部門		日期	____年___月___日
生產單號		產品名稱	
生產數量		客戶名稱	
原定生產進度			
拖延與異常原因	□計劃異常　□設備異常　□物料異常 □品質異常　□產品異常　□水電異常		
應對措施	1.		
	2.		
	3.		
預定完成日期	___年___月___日		
備註			

八、異常停工報告單

編號：_____　　　　　　　　　日期：____年___月___日

停工部門		停工範圍	
停工時間	____年___月___日___時___分～____年___月___日___時___分		
停工人數		停工損失(元)		產品訂單號	
停工時間		停工產品		進度狀況	
停工原因	□機器故障　□品質異常　□待料　□安全事故　□其他		
停工應對措施			
責任者		上級主管		廠長	

九、生產作業記錄表

生產部門：＿＿＿＿＿＿　　　　　　日期：＿＿＿年＿＿月＿＿日

序號	記錄項目	作業工序	異常時間	異常情況說明

說明	產量	出勤率	完成率	合格率	次品率	開機率
標準						
實際						
差異						

差異原因分析	
處理措施	
主管批示	

十、交貨期更改通知單

編號：＿＿＿＿＿＿＿　　　　　　　　日期：＿＿年＿＿月＿＿日

客戶名稱				通知單位				
訂單號碼	訂貨日期	原定交貨日期	產品名稱	數量	擬更改交貨期	核定交貨日期	備註	

原因	□客戶要求延期	覆核人	
	□運輸工具變更	審核人	
	□設備故障和安全事故	經辦人	

十一、生產進度安排跟蹤表

產品名稱/規格		生產數量		生產部門	
原定生產日期			預計交貨日期		

物料供應狀況	材料名稱	單位	單位用量	需求量	已有庫存	採購日期	預交日期	已交	備註	人力設備	前一批號完成日期	情況	
											設備調整時間		
											人力是否充足		
											預計生產日數		
											每日生產		
										其他因素			
											名稱編號	完成日期	已有成品
										模具量具			
安排進度													

十二、生產進度安排檢查表

檢查人：＿＿＿＿＿＿＿＿　　　　　　　　編號：

材料名稱	供應情況				備註	設備模具生產情況		實際情況	完成日期	檢查
	充足	已購	預交期	交庫						
						前一生產工序是否完成				
						本生產工序是否可開始				
						人力是否足夠				
						設備模具生產情況				
						有無設備調整問題				
						生產技術是否有問題				
						模具工具				
						檢查結果	□可以生產 □不可生產			
備註										

十三、生產進度更改通知單

填寫日期：＿＿＿＿年＿＿＿＿月＿＿＿日

生產編號	級別	原定			變更			備註
		規格	數量	完成日期	規格	數量	完成日期	
批示								

審核人：

十四、生產進度落後原因分析表

編制人：

日期	預產批次	實際批次	落後批次	變更原因								措施
				效率低下	訂單變更	人員不足	設備故障	物料不足	協調不當	假期延遲	其他原因	

十五、工廠生產計劃表

(一)工廠綜合生產計劃表

生產工廠：＿＿＿＿＿＿＿＿＿　計劃期限：＿＿＿年＿＿月～＿＿＿年＿＿月

產品	當前存庫	單價	庫存數量	估計日銷售量	可售天數	經濟產量	每天產量	所需生產天數	預計生產日程			
									起	至	天數	產量

覆核人：　　　　　審核人：　　　　　填表人：

(二)工廠月生產計劃表

生產工廠：＿＿＿＿＿＿＿＿＿＿＿＿＿＿＿＿＿＿＿月份

產品名稱		產品A		產品B		……	
		計劃產量	實際產量	計劃產量	實際產量	計劃產量	實際產量
工作日程	1						
	2						
	3						
	…						
	31						
合計							

生產部經理：　　　　　工廠主任：

(三)工廠週生產計劃表

生產工廠：_____　　生產線號：_____　　配備人數：_____

編制日期：____年__月__日

生產單號	生產型號	批量	計劃產量	交貨日期	計劃日程（計劃產量）							相關說明
					週一	週二	週三	週四	週五	週六	週日	

覆核人：　　　　　　審核人：　　　　　　填表人：

十六、生產計劃變更原因分析表

月份	計劃產量	變更後產量	變更原因								備註
			待料	訂單更改	停電	人員	技術	設備故障	放假	其他	

第 **11** 章

生產計劃的評估管理

))) 第一節　生產計劃管理的考核對象

　　生產計劃管理考核的對象主要是生產計劃部負責人，同時涉及到生產系列其他部門負責人，各位負責人進一步對部門內相關員工進行考核。

1. 生產計劃部負責人

· 定性指標

(1)參與銷售計劃制定情況

(2)年、月、週生產計劃制定品質情況

(3)生產與銷售的協調工作品質情況

(4)訂單登記與安排情況

(5)產能負荷分析工作組織情況

(6)產能餘缺協調情況

(7)生產計劃的分解、落實與下達情況

(8)生產日程安排與協調情況

‧ 定量指標

⑴存貨週轉率＝銷售成本÷平均存貨×100%

⑵全員工作生產率＝報告期完成產值（或增加值）÷全部職工平均人數

⑶目標成本實現率＝（目標成本－實際成本）÷目標成本×100%

2.技術開發部負責人

‧ 定性指標

⑴參與生產計劃制定情況

⑵產品設計計劃及日程制定、實施與控制品質情況

⑶技術能力負荷分析情況

‧ 定量指標

新產品增加值率＝（不含稅單價－直接材料、能源理論單位成本－其他中間收入）÷不含稅單價×100%

3.供應部負責人

‧ 定性指標

⑴參與生產計劃制定情況

⑵採購計劃及日程的制定、實施與控制情況

⑶供應能力分析情況

‧ 定量指標

採購成本降低額＝∑［（計劃價－實際購入價）×採購量］

4.機電部負責人

‧ 定性指標

⑴參與生產計劃制定情況

⑵設備購置與調度計劃的制定、實施與控制情況

⑶設備負荷能力分析情況

‧定量指標

⑴設備完好率＝完好設備台數÷全部設備台數×100%

⑵設備利用率＝設備實際工作台時÷設備定額工作台時×100%

5.品質控制部負責人

‧定性指標

⑴參與生產計劃制定情況

⑵品質檢驗工作日程安排、實施與控制品質情況

‧定量指標

⑴百元製造成本品質成本＝品質成本÷製造成本×100

⑵百元銷售收入品質成本＝品質成本÷銷售收入×100

6.分廠負責人

‧定性指標

⑴參與生產計劃制定情況

⑵人力負荷分析情況

⑶製造日程安排、實施與控制情況

‧定量指標

⑴分廠工作生產率＝報告期分廠完成產值（或增加值）÷分廠全部職工平均人數

⑵製造費用降低率＝（計劃製造費用－實際製造費用）÷計劃製造費用×100%

⑶可比產品成本降低率＝（可比產品按上年實際單位成本計算總成本－可比產品實際總成本）÷可比產品按上年實際單位成本計算總成本×100%

⑷百元製造成本品質成本＝品質成本÷製造成本×100

⑸產品收率＝實際產量÷理論產量×100%

第二節　生產計劃的考核表

　　由生產總監組織考核，實行 100 分制，定性指標佔 40%，定量指標佔 60%(如果只有一種類型的指標，則該類型指標佔 100%分值)。考核結果由人力資源部處理。考核分值表如下：

表 11-2-1　考核分值表(一)

考核對象：生產計劃部負責人　　　　　　　考核時間：

指標類別	指標	分值	實際得分	備註
定性指標	1. 參與銷售計劃制定情況	2.5		
	2. 年、月、週生產計劃制定品質情況	10		
	3. 生產與銷售的協調工作品質情況	2.5		
	4. 訂單登記與安排情況	2.5		
	5. 產能負荷分析工作組織情況	5		
	6. 產能餘缺協調情況	2.5		
	7. 生產計劃的分解、落實與下達情況	10		
	8. 生產日程安排與協調情況	5		
定量指標	1. 存貨週轉率	30		
	2. 全員工作生產率	20		
	3. 目標成本實現率	10		
合計		100		

表 11-2-2　考核分值表（二）

考核對象：技術開發部負責人　　　　　　　考核時間：

指標類別	指標	分值	實際得分	備註
定性指標	1. 參與生產計劃制定的情況	10		
	2. 產品設計計劃及日程制定、實施與控制品質情況	20		
	3. 技術能力負荷分析情況	10		
定量指標	新產品增加值率	60		
合計		100		

表 11-2-3　考核分值表（三）

考核對象：供應部負責人　　　　　　　考核時間：

指標類別	指標	分值	實際得分	備註
定性指標	1. 參與生產計劃制定情況	10		
	2. 採購計劃及日程的制定、實施與控制情況	20		
	3. 供應能力分析情況	10		
定量指標	採購成本降低額	60		
合計		100		

表 11-2-4 考核分值表(四)

考核對象:機電部負責人　　　　　　　考核時間:

指標類別	指標	分值	實際得分	備註
定性指標	1. 參與生產計劃制定情況	10		
	2. 設備購置與調度計劃的制定、實施與控制情況	20		
定性指標	3. 設備負荷能力分析情況	10		
定量指標	1. 設備完好率	30		
	2. 設備利用率	30		
合計		100		

表 11-2-5 考核分值表(五)

考核對象:品質控制部負責人　　　　　　考核時間:

指標類別	指標	分值	實際得分	備註
定性指標	1. 參與生產計劃制定情況	10		
	2. 品質檢驗工作日程安排、實施與控制品質情況	30		
定量指標	1. 百元製造成本品質成本	30		
	2. 百元銷售收入品質成本	30		
合計		100		

表 11-2-6 考核分值表(六)

考核對象:分廠負責人　　　　　　　考核時間:

指標類別	指標	分值	實際得分	備註
定性指標	1.參與生產計劃制定情況	10		
	2.人力負荷分析情況	10		
	3.製造日程安排、實施與控制情況	20		
定量指標	1.分廠工作生產率	12		
	2.製造費用降低率	12		
	3.可比產品成本降低率	12		
	4.百元製造成本品質成本	12		
	5.產品收率	12		
合計		100		

第三節　生產計劃的評估方案

1.生產計劃的評估對象

⑴評估對象是企業制訂的生產計劃。

⑵生產計劃是指工廠在＿＿＿年對產品品種、品質、產量和產值等生產方面應達到的指標所做出的計劃,以及對產品生產進度的安排。

2.生產計劃的評估標準

(1)具體性

生產計劃中是否列出實際、具體的可構造計劃項目,並將計劃中的產品分解為可識別的零件或元件。

(2)穩定性

生產計劃是否能在有效期限內保持適當穩定,且不會破壞正常的

優先順序計劃，削弱系統的計劃能力。

(3)關鍵性

生產計劃中所列出的項目應對生產能力、財務指標或關鍵材料有重大影響，是對生產和裝配過程起重大影響的項目。

(4)代表性

生產計劃中的項目應盡可能全面代表工廠的產品，高度覆蓋物料需求計劃中的內容，反映製造設施，特別是瓶頸資源或關鍵能力單位的信息。

(5)簡潔性

生產計劃所列項目應根據特定製造環境和產品結構編制，使產品在製造和裝配過程中部件類型數量最少，以便預測和管理。

(6)靈活性

生產計劃中對日程的安排應留有適當餘地，並考慮預防性維修設備的時間，將預防性維修作為一個項目，安排在生產計劃中。

3.生產計劃的權責劃分

(1)總經理負責成立生產計劃評估小組並對生產計劃進行評估。

(2)生產計劃評估小組負責對生產計劃進行分析、評價、調整和完善。

(3)生產總監負責審核生產部提交的生產計劃。

(4)生產部經理負責組織人員編制生產計劃。

4.生產計劃的評估步驟

(1)編制生產計劃

生產部根據生產預測和核定的生產能力制訂生產計劃，報生產總監審核後提交總經理審批。

⑵成立生產計劃評估小組

總經理對生產計劃進行初步分析和判斷，並組織工廠各部門負責人成立生產計劃評估小組。

⑶對生產計劃進行評估

A.生產計劃編制依據是否準確

①市場需求預測是否準確。市場需求預測應該結合外部市場情況和內部生產能力進行預測，包括以下兩個方面內容。

．反映工廠外部環境需求的情況，例如經濟形勢、國家方針政策、競爭者情況、原材料及其他物料的供應情況、訂貨合約協定、市場需求等。

．反映工廠內部條件和可能的水準，包括勞動力及技術力量水準、生產能力水準、各種物料的庫存水準、流動資金和成本水準、服務銷售水準及上期計劃完成情況等。

②生產能力核定程序是否嚴格。

．首先計算設備組的生產能力。

．平衡後確定小組、工段、工廠的生產能力。

．各工廠進行平衡，再確定工廠的生產能力。

B.對生產計劃體系指標的完整性進行審核

生產計劃指標體系是否完整，是否包括產品品種、品質、產量和產值這四類指標。各類生產計劃指標的含義如下表所示。

表 11-3-1　各類生產計劃指標含義一覽表

指標類別	指標含義
產品品種指標	指工廠在報告期內規定的生產產品的名稱、型號、規格和種類
產品品質指標	1. 品質技術標準指標，例如國際標準、國家標準、行業標準、工廠內部標準等
	2. 反映產品本身內在品質的指標，例如產品平均技術性能、產品品質分等
	3. 反映產品生產過程中的工作指標，例如品質損失率、廢品率、成品返修率等
產品產量指標	1. 工廠在一定時期內生產的、符合產品品質要求的實物數量，一般用實物單位計量
	2. 產品的產量包括成品及準備出售的半成品數量，其中成品是指工廠生產完成後不再進行加工的產品，半成品是指本工廠完成了某一個或幾個技術階段，但尚未完成產品全部技術階段而準備銷售的在製品
產品產值指標	1. 工業總產值指標。以貨幣表現的工業工廠在報告期內生產的工業產品品質，例如成品價值、工業性作業價值、自製半成品、自製設備、在產品期末期初結存差額價值
	2. 工業產品產值，即工廠在一定時期內生產的預定發售到工廠外的工業產品的總價值，例如工廠利用自備材料生產產品價值、利用訂貨的來料生產產品的加工價值、完成承接的外單位工業性作業的價值等
	3. 工業淨產值，即工廠在計劃期內工業生產活動新創造的價值，一般按現行價格來計算

C.測算需求和能力是否平衡

結合市場需求和生產能力核定情況，生產計劃評估小組測算市場需求和生產能力是否平衡。

(4)修正生產計劃

生產計劃評估小組根據分析和討論的結果，對生產計劃進行調整和完善，並編制生產計劃評估報告，提交總經理審批。

(5)下達生產計劃指令

生產部向各部門下達生產計劃指令，相關部門依照生產計劃指令執行各項生產工作。

心得欄

第 *12* 章

精準化的生產管理

第一節　準時制生產

一、準時制生產的基本原理

　　準時生產方式（Just-In-Time，JIT），又稱為零庫存生產、一個流生產或超級市場生產方式。它起源於日本豐田汽車公司的一種生產管理方式。其基本思想可用一句話來概括，即「只在需要的時候，按需要的量，生產所需要的產品」。這種生產方式的核心是追求一種無庫存的生產系統，或使庫存達到最小的系統。

　　在這種系統裏，生產過程中的產品或材料運動時間與供應商的交貨時間經過了仔細的安排，在作業過程中的每一步，下一批製品都會恰好在前一批製品剛結束時到達，因此才稱之為「準時」。這樣的系統不存在等候加工的製品，也沒有等待加工製品的空閒工人和機器設備。

　　一般來說，由多種生產工序組成的機械加工組裝生產系統，其生

產過程的組織控制方式是，根據某時間的預測需求量和現有庫存水準，確定出計劃生產量，並透過各工序在某時間的標準資料，確定生產前置器，然後向工序發出生產指令，各工序根據指令開工。生產過程中的每一道工序都把加工出來的產品或零件依次送到下一道工序，隨著每道工序向最後一道工序的推進，最終產品逐漸形成，這就是傳統的「推進式」生產組織控制方式，其往往會造成前後兩道工序的生產脫節。由於不知道後一道工序何時需要何種零件（物料）及其數量，時常會造成前一道工序的盲目過量生產。如果在不需要的時刻製造出超量的零件，並在不需要的時刻把這些零件源源不斷地送往後一道工序，那麼就會造成生產過程的混亂。

日本豐田汽車公司開發的準時制生產控制方式採用「倒過來」的形式，從生產物流的相反方向來組織生產，即後一道工序在必要的時刻去前一道工序領取必要數量的必要零件，接著前一道工序只生產被領取走的那部份在數量和種類上相同的零件。事實上，這種「倒過來」的生產組織方式是從生產過程的最終點做起的。生產計劃只下達到總裝配線，指示「何時生產多少數量的何種產品」。總裝配線則根據生產指令的計劃需要，分別向前方工序領取裝配所必需的零件，並要求「需要什麼取什麼，何時需要何時取，需要多少取多少」。前方各道工序只生產被領取走的那部份零件。這種方式逆著生產流程，一步一步地向上追溯到原材料供應部門。這種「倒過來」的「拉動式」生產組織控制方式，改變了傳統生產過程中的物料傳送方式，使得生產系統中各道工序對自己的工作進度一目了然。大家都能夠在必要的時刻生產必要數量的必要產品或零件，從根本上有效地制止了盲目過量生產，大幅度減少了生產過程中的在製品量，提高了生產率和生產系統的柔性，為企業市場競爭力的增強奠定了物質基礎。

二、拉動式與推動式生產計劃與控制的比較

　　拉動式生產和推動式生產在計劃機制、觸發機制、生產與運作機制、庫存方式、訂單履約能力與交貨期等方面存在著根本性的差別。在計劃機制上，推動式生產與運作系統計劃是基於預測的，作用於生產控制系統的各個環節；而拉動式生產系統的計劃是基於訂單的，僅作用於生產系統的最終環節。各環節計劃的銜接是依靠看板系統，如圖 12-1-1 所示。

圖 12-1-1　拉動式與推動式生產計劃機制的比較

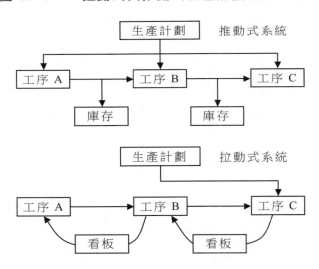

　　在兩種系統運行的觸發機制方面，推動式系統是透過 MRP 的基於電腦的進度安排系統觸發系統的生產與運送，而拉動式系統則依靠 JIT 的可視或可聽信號觸發生產和運送。

　　在兩種系統的運作機制方面，推動式系統是需求預測驅動的，計

劃主導型生產與運作,而拉動式系統是訂單驅動的,後工序主導型生產與運作。

在兩種系統的庫存方式方面,推動式系統的庫存表現在原材料倉庫、產成品倉庫等;拉動式系統的庫存表現在:

①將倉庫搬到生產線上(各工序的入口存放處、出口存放處),使庫存顯現化。

②不斷減少在製品庫存(透過控制看板數量),使倉庫消失在生產線上。

在兩種系統的能力利用與交貨期方面,推動式系統旨在提高系統效率,其能力利用率較高但交貨期相對較長;拉動式系統旨在縮短需求反應時間,因此,具備較高的生產與運作效率,並能導致能力利用率相對較低,如圖 12-1-2 所示。

圖 12-1-2　兩種系統能力利用率與交貨期的比較

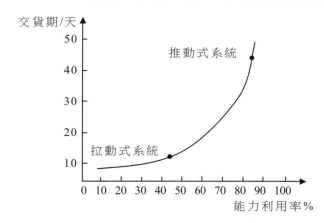

第二節　均衡化生產實施方案

　　企業為了推行均衡化生產，減少產品產量波動引起的人員、庫存等浪費，及時滿足客戶不同時段的多樣化需求，特制定本方案。本方案適用於各生產工廠的均衡化生產。

(一)術語解釋

　　1.總量均衡：即將一個單位期間內的總訂單量平均化，也就是將連續兩個單位期間總生產量的波動控制在最小程度。

　　2.品種均衡：將一個單位期間內生產的產品組合平均化，使各種產品在不同單位期間不產生波動，在生產各種產品時所需資源不產生波動。

(二)相關職責

　　1.生產總監負責審核均衡化生產計劃的可行性。

　　2.生產部負責制訂月生產計劃，並監督、指導各工廠實施均衡生產計劃。

　　3.各生產工廠負責根據生產部制訂的生產計劃、本單位資源情況、現場生產環境，制訂和實施均衡生產和實施均衡生產計劃。

(三)均衡化生產實施措施

1.總體實施措施

⑴以小時為週期，實行品種均衡。

⑵以天為週期，實行總量均衡。

2.品種均衡實施措施

合理分配資源、安排生產，使各品種的產品在每個小時裏出現的比率均等。

3.總量均衡實施措施

以天為週期，均衡分配資源，使連續兩天內每種產品的產量相同。

(四)均衡化生產實施程序

1.編制月生產計劃

生產部根據總體生產目標、生產環境制訂月生產計劃，經企業審批後，按資源狀況、生產能力將生產計劃分解到各生產工廠。

2.編制均衡排產計劃

⑴各生產工廠以總量均衡和品種均衡為目標，依據月生產計劃及本單位資源狀況、生產條件進行分析和計算，編制均衡生產排產計劃並及時上報。

⑵各生產工廠上報均衡生產排產計劃後，生產總監召集生產部、各工廠管理人員進行審議，就均衡生產具體排產計劃達成一致意見。

3.均衡生產實施與監督

⑴各生產工廠合理利用資源，按確定的均衡生產排產計劃生產。

⑵在工廠實施均衡生產的過程中，生產部隨時跟進檢查，對檢查中發現的問題及時指正，使均衡生產計劃得到有效、順利的執行。

4.編制生產報告

⑴在各工廠實施均衡生產的過程中，生產部應廣泛地收集生產資料。

⑵在生產週期結束之後，生產部應及時對所收集的資料進行分析和總結，並形成生產報告。

(五)相關注意事項

1. 為了實現品種均衡，設備、工具等須在各產品生產之間頻繁地進行切換。因此，企業應採用快速轉換技術以彌補頻繁切換帶來的時間損失。

2. 不同的產品生產，使用的設備、夾具、模具也會有所不同。因此，企業除了導入快速轉換技術之外，還可以設計通用的工裝、夾具來整合不同的產品生產。

3. 由於不同產品的作業方式不同，企業應在事前對員工進行技術培訓，提高其技術熟練程度，進而提高其在頻繁切換中的適應能力。

4. 以均衡生產方式安排的生產計劃，可能會與供應商的供貨計劃不一致，因此，企業應開展充分的市場調查，選擇多家供應商，並時刻與其保持聯繫，使其供貨時間、數量與均衡生產要求保持一致。

第三節　準時化生產實施方案

為了實現準時生產、準時銷售，減少庫存，減少過度生產浪費，特制定本方案。本方案適用於各生產工廠的準時化生產安排。

(一)相關職責

1. 生產部負責準時化生產方案的設計及實施情況監督。

2. 各生產工廠負責準時化生產現場的具體佈置和準時化生產具體實施。

3. 銷售部負責及時向生產部提供準確的訂單信息。

4. 物資部負責及時向各生產工廠提供其所需的物料。

(二)準時化生產的實施措施
1. 實行拉式生產
首先由供應鏈最終端的需求確定企業最後組裝線的產品數量，然後以此為起點，由後向前推進，確定各階段的零件需求，從而根據需求進行生產。

2. 實行看板管理
(1)利用看板顯示生產進度。各工廠首先明確訂單量，然後利用電子看板及時顯示生產的即時數量和與訂貨數量之間的差距，以對生產進度進行及時有效的跟蹤，從而不生產一個多餘的產品，杜絕生產浪費。

(2)利用看板在各工序之間傳遞生產信息。後工序需要多少部件，什麼時候需要，就根據看板向前道工序發出指令，由前工序按要求進行生產，以實現準時化生產。

(3)利用看板調整生產。當生產計劃發生改變或發生意外事件時，透過看板及時準確地將調整信息傳達到每一道工序，使其及時採取應對措施，以減少損失和浪費。

(三)準時化生產的實施程序
1. 準時化生產設計
生產部充分收集現場生產信息，根據生產現場的生產環境、設備狀況、人員狀況設計準時化生產方案，方案應包括生產流程設計、設備佈置設計、看板使用流程、看板內容設計。

2. 準時化生產佈置
各生產工廠依據生產部制定的準時化生產方案佈置生產現場，包括調整生產工序、排列生產設備、製作並佈置現場的生產指示看板、

領取看板等。

3.準時化生產實施

⑴各工廠根據生產節拍對生產部下達的生產計劃進行分解，將生產任務下達到最後一道工序。

⑵最後一道工序依靠看板向前面的工序發出生產指令和物料、部件需求信息，以此類推，拉動生產的開展。

⑶上道工序都按照下道工序的要求，按其需要的品種與數量進行生產，並在適當的時間向下道工序提供其所需要的部件或半成品。

(四)準時化生產的保障措施

企業要真正實現準時化生產，除了嚴格執行拉式生產和看板管理之外，還必須實施相應的保障措施。具體包括：

1.合理制訂生產計劃

生產部應與銷售部保持密切聯繫，依據其提供的訂單信息廣泛收集市場信息，合理制訂生產計劃，以在市場需要的時候準時提供需要的產品。

2.及時供應物料

生產部根據生產計劃確定物料需求計劃，與物資部保持密切聯繫，使其及時將物料供應到生產線，以保證生產能順利、及時地進行。

3.實行流程化生產

各生產工廠在生產過程中，如果有任何搬運、切換等遲滯，都不能保證準時化生產的順利進行。因此，實行流程化生產是實行準時化生產的前提，企業應透過合理佈置生產線、單件流走動作業等措施實行流程化生產。

4.彈性配置作業人數

根據設備的佈置情況彈性地配置作業人數，同時根據生產計劃的變動或意外情況，彈性地增減各生產線的作業人數，保障生產的準時化。

5.嚴密地監督和檢查

在各工廠實施準時化生產的過程中，生產部應進行持續不斷的跟蹤和檢查，以及時指出檢查中發現的問題，並指導其改正和不斷完善。

心得欄

第 *13* 章

生產計劃管理的案例介紹

第一節　制定中長期改善計劃

圖 13-1-1　缸蓋擰緊機扭力輸出不穩魚刺圖分析

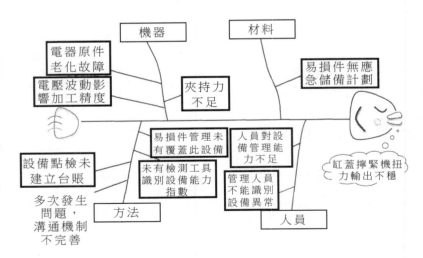

對影響 EOS 發動機裝配線設備故障停機時間最為嚴重的「缸蓋擰緊機扭力輸出不穩」進行分析，透過分析，制定了短期和中長期改善行動計劃，圖 13-1-1 顯示了「缸蓋擰緊機扭力輸出不穩」魚刺圖分析結果。

依據魚刺圖，公司制定了中長期行動計劃，並分別預測改善項目對 OEE 的貢獻度，如表 13-1-1 所示。

表 13-1-1　中長期行動計劃

裝配工廠 BDE 可動率指標未達成的原因和行動計劃								中長期行動
序號	存在問題	原因分析	行動計劃	責任	啟動	完成	點檢	OEE 貢獻
1	夾持力不足	該設備夾持鉗長期處於滿負荷工作狀態，彈性件鬆弛	夾持鉗屬於進口特種工裝，國內無法採購，因此立即提出採購計劃	工程部	07.04	08.30	辦公室	
2	未有檢測工具識別設備能力指數	無相關機制	外部調研並提出檢測工具準備計劃	品質部	07.04	07.20	機加工	
3	電壓波動影響加工精度	無穩壓器	購買穩壓器	工程部	07.04	07.30	辦公室	
4	管理人員不能識別設備異常的分析方法	未進行設備綜合利用率的管理培訓	OEE培訓	裝配工廠	07.04	07.20	製造部	

經過工廠 7、8、9 三個月的設備綜合維護，工廠的設備綜合利用率在 9 月份已經達到 73%的水準，轉化為平均每班的產出數量為 440 台，預計在 10 月份將達到 73.5%的水準，可以滿足顧客每班 430 台的訂單需求。

表 13-1-2　　OEE 指標達成情況報表

20XX 年 EOS 發動機裝配 OEE 指標達成情況報表						統計部門		製造部			
						上報日期		10月3日			
月份	1	2	3	4	5	6	7	8	9	10	11	12
目標值	60	60	62	62	63	63	65	68	71	73	74	75
實際值	65.4	63.7	61.3	61.8	62.7	61.1	65.2	69.3	73	73.5		

設備綜合利用率作為長期跟蹤項目，諮詢項目組建議公司將 OEE 納入年度考核指標，並設定 OEE 目標值，根據管理水準的提升而逐階段提高，這樣就向工廠管理人員提出了持續改進的要求。

第二節　生產計劃的輔導改善

1.企業背景

A 機械製造公司成立 45 年，是從事某種專業設備製造的大型企業，擁有多套具有世界先進水準的現代化加工中心和檢測設備，在研發和製造環節普遍應用 CAD、PDM、ERP 等信息技術手段。A 公司及其所服務的行業都屬於高利潤行業，2008 年 A 公司的銷售利潤率達到 20%，超過機械製造行業 14.5%的平均值。這個行業近幾年處於穩定增長期，2006 年至 2008 年 A 公司主營業務收入持續增長。2009 年，由於行業設備技術改造進入平緩期，A 公司的主營業務收入略有下降。

得益於所處的高利潤行業，A 公司具有較高的利潤率，但運營能力明顯偏弱。2009 年 A 公司的總資產週轉率為 0.9 次，低於機械行業的 1.4 次的優秀水準；庫存週轉率為 1.8 次，遠低於行業 4.2 次的平均水準。從指標上可以反映出 A 公司的生產運營效率較低。在銷售下滑和資金佔用高的雙重作用下，A 公司 2009 年的淨現金流餘額僅為 1500 萬元。A 公司經營者意識到企業現有的生產管理模式比較粗放，面對未來幾年市場需求處於平緩期，如果不進行變革，繼續按照現在的模式運轉，公司將面臨巨大的經營風險。因此，決定聘請企管諮詢機構開展生產管理諮詢。

2.問題說明

諮詢人員透過對生產運營的數據進行分析，發現 A 公司存在兩個突出的問題：

(1)準時交貨率低

透過對 2009 年整機產品交貨時間統計分析，諮詢人員發現，超

期交貨的現象比較普遍，達到 67%。有的產品超期時間達到 58～80
天。

為了查找企業準時交貨率低的原因，諮詢人員統計分析了 2009
年上半年設備有效作業率(見表 13-2-1)。

表 13-2-1　2009 年上半年設備有效作業率統計表

機床型號	有效工作時間(小時)	運行時間(小時)	平均有效作業率
A	1356	280	21%
B	1500	650	43%
C	1890	530	29%
D	1500	480	32%
E	800	210	26%
F	1320	700	53%
G	24000	10005	42%
H	26000	10005	38%
I	24000	8500	35%
合計	82366	31360	

從表中可以看出，A 公司設備有效作業率最高為 53%，最低為
21%，平均為 38%。產能非常充裕。在這個條件下，訂單超期完成的
情況如此嚴重，問題一定出在生產計劃方面。

(2)資金佔用高

在對 A 公司進行財務分析時，諮詢人員已經瞭解到 A 公司庫存週
轉率比較低。在進行生產運營管理深入調研時，收集到了 2006 年至
2009 年的平均庫存資金及其構成情況。

表 13-2-2　2006 年～2009 年平均資金佔用總額及構成分析

單位：萬元

年度	原材料及半成品	產成品	在製品	資金佔用總額
2006年	5361	6811	12923	25095
2007年	7302	13989	9876	31167
2008年	8625	3793	12967	25386
2009年	12384	3905	15212	31501

　　透過分析，A 公司的資金佔用問題非常突出，近幾年一直在高位徘徊，至 2009 年已達 3.15 億元。原材料及半成品的資金佔用連續四年持續上升，至 2009 年達到 1.23 億；在製品資金佔用也不斷增高，至 2009 年達到 1.52 億元。這兩項指標表明企業生產計劃管理存在嚴重的問題。

圖 13-2-1　2006 年～2009 年平均資金佔用總額及構成分析
（單位：萬元）

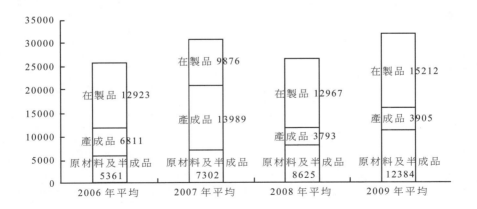

產成品資金佔用達到 2007 年 1.39 億元的高點後，2008 年和 2009 年得到了一定程度的控制和降低，說明公司產品的市場需求穩定，有一定程度的可預測性。

當諮詢人員將核心問題聚焦在生產計劃管理時，對該公司生產計劃編制的依據、思路、基礎和生產指揮調度系統的有效性進行了深入的調研分析。調研分析的結果如下：

(1)生產計劃編制的依據分析

A 公司的生產計劃源於銷售計劃。透過產銷存數據可以看出(見表 13-2-3)，2007 年至 2009 年三年間銷售計劃與生產計劃的銜接不好，形成了一定的整機庫存。以 B 產品為例，2009 年計劃生產 52 台，而實際只銷售了 10 台，全年的銷售預測準確性偏低，這是形成材料庫存、在製品庫存和產成品庫存較高的主要原因。

表 13-2-3　2007 年-2009 年產銷存統計表

單位：台

產品	計劃生產數量			實際銷售數量			庫存數量		
	2007年	2008年	2009年	2007年	2008年	2009年	2007年	2008年	2009年
A	27	35	34	20	25	30	7	10	4
B	18	27	52	13	25	10	5	2	42
C	70	78	57	40	70	50	30	8	7
D	11	15	12	11	15	12	0	0	0
E	10	5	8	8	4	8	2	1	0
F	15	13	11	2	3	5	13	10	6
G	5	5	5	4	4	5	1	1	0
H	1	2	2	0	1	1	0	1	1

(2)生產計劃的思路分析

A 公司是典型的小批量、多品種的離散型製造企業。這種製造類型的特點是需要提高製造系統的柔性，以適應市場變化和客戶經常變動的個性化需求。現有的計劃編制方法是以產品為中心的批量生產（見圖 13-2-2），根據銷售預測加訂單，以產品 BOM 為依據進行零件分解，形成月計劃，並將月計劃分解為外協外購計劃、成品計劃、零件計劃，指導生產、採購和外協。

圖 13-2-2　以產品為中心的生產模式示意圖

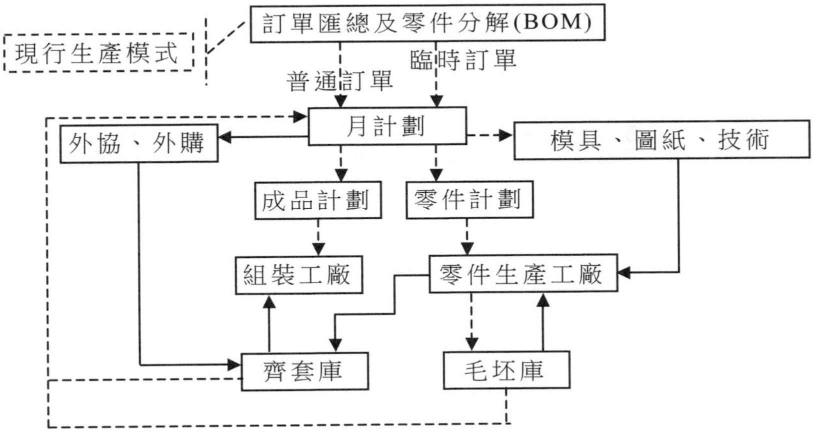

這種以產品為主線的計劃模式對生產週期短、計劃變動小的產品生產比較適應，難以適應生產週期長、計劃變動頻繁的產品生產。如果某些零件的生產週期較長，當計劃發生調整時，零件在工廠還沒有完成生產，就要給其他零件讓路，沒有生產完畢的零件在工廠內形成在製品庫存，如果加工完成入庫後不能立刻使用，又形成了庫存。經過幾次計劃調整後，庫存零件的齊套率就會越來越低，不齊套零件庫存越來越高。

(3)生產計劃編制的基礎工作分析

在調查過程中發現，A 公司生產計劃編制的基礎──期量標準存在諸多不合理和不準確的情況。

諮詢人員透過產品合約交貨期和數量統計分析，發現生產部門在制訂 X 產品作業計劃時，按照 10 台一個批量投產。X 產品簽訂了 8 個合約，總計需要生產 15 台（見表 13-2-4）。如果將投產批量定為 5 台，即縮短了生產週期，減少了庫存佔用，還降低了銷售風險。分析原因，主要是企業沒有建立起一套系統、科學的期量標準，生產計劃編制過程粗放，僅考慮了生產的連續性，沒有充分考慮庫存佔用和市場需求變化的適應性。

表 13-2-4　X 產品合約統計表

序號	簽合約日期	計劃交付日期	數量
1	2009-2-26	2009-4-30	3
2	2009-3-16	2009-5-15	1
3	2009-3-28	2009-5-30	1
4	2009-4-6	2009-7-20	5
5	2009-4-6	2009-7-20	2
6	2009-7-23	2009-9-3	1
7	2009-7-23	2009-9-30	1
8	2009-9-1	2009-11-30	1

諮詢人員同時發現，A 公司編制生產計劃的基礎數據準確性較差。如：一批零件的實際累計生產週期為 14 天，在計劃中卻安排了 187 天，大大偏離實際情況。在日常生產過程中，很多生產指令下達不準確。例如，給機加工廠下達的一批零件加工指令，計劃開工時間

是 2009 年 6 月 13 日，而在 5 月 10 日該批零件已經投產，並且已經完成了三道工序。分析其原因是：

①生產計劃部門在制定生產計劃時，只概略地進行了能力平衡，在生產能力大於生產任務時，提前投入後期生產任務，放寬了生產週期，增加保險時間，在計劃安排中體現早投產、早完工的作法。

②技術部門制定的工時定額不科學，非常寬鬆，計劃工時是實際工時的 2 倍。因此，即使能力負荷比達到 200%，任務仍然可以完成。在實際操作中，沒有人冒險把計劃安排得很緊湊，導致了生產週期被層層放大，投產日期一再提前。

另外，技術部門在編制產品 BOM 時，沒有按照裝配的順序形成產品→部件→零件的樹形結構，在產品加工和組裝週期比較長的情況下，難以使各個生產環節按照平行移動的順序進行計劃排產（見圖 13-2-3）。

圖 13-2-3　計劃排產現狀示意圖

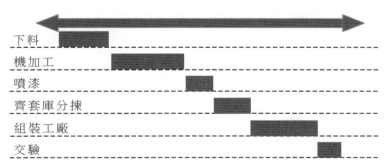

企業在計劃安排上，只能做到所有的零件加工完成進入齊套庫後，再進行分揀配套，一次配齊後出庫進行組裝（見圖 13-2-4）。如果有一個零件沒有入庫，所有零件都處於等待，不能做到先組裝的部件優先安排下料、加工、入庫、分揀配料、先進行組裝以縮短生產週

期。

圖 13-2-4　用平行移動思路進行計劃排產的示意圖

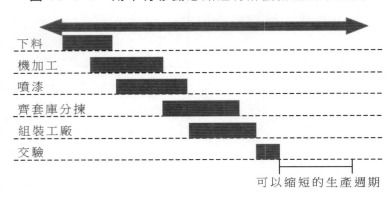

(4)生產指揮調度系統的有效性分析

　　A 公司的生產計劃部門有 3 人，由於計劃的準確性差，對生產作業的指導作用不強，加之生產計劃經常調整，因此 A 公司採取加強生產調度的方式協調生產。目前企業生產調度有 8 人，各工廠也均設有調度人員。從人員安排上可以看出 A 公司的做法是輕計劃、重調度。

　　工廠調度根據公司生產計劃編制生產作業計劃。由於各種產品生產過程涉及的零件數量眾多、加工工序多、加工週期長短不一，既要考慮進度、又要考慮設備負荷，工廠編制生產作業計劃難度很大。加上工廠編制生產作業計劃的能力比較弱，主要靠生產調度協調日常的生產活動，常常造成顧此失彼，調度人員忙於「救火」。

　　在調研中，諮詢人員瞭解到，工廠調度非常關注關鍵設備和瓶頸設備每天的排產，跟蹤每個工作指令的落實情況，雖然這種做法與 TOC 理論中強調的圍繞瓶頸資源排產的思想吻合，但是這些局部有效的做法不能彌補生產計劃體系本身存在的缺陷。

3.輔導改善方案

　　根據診斷的結果，諮詢人員認為 A 公司需要調整生產計劃體系，解決生產週期長、資金佔用高的問題。經過與公司經營者、生產計劃部、生產部、採購部、技術部等部門溝通，制定了改善方案。

　　A 公司以生產計劃為核心，用 6 個月的時間對生產管理進行改善。改善方案實施之後，A 公司的庫存週轉率達到 4.5 次，優於行業平均水準，並逐步接近行業先進水準；產品的生產週期平均縮短了30%，準時交貨率達到 90%。

(1)提高銷售預測的準確性，為生產計劃編制提供準確依據

　　①對銷售人員規定了定期系統收集各類市場信息、客戶信息及拜訪客戶頻率的要求等，建立相應的工作表單、客戶拜訪清單、分析報告範本、市場信息回饋制度和流程等。

　　②確定銷售形勢分析會制度。各大區負責人每月定期召開分析會，匯總銷售人員獲得的最新信息，並做出分析判斷，將分析結果上報到公司銷售部。

　　③銷售部對各大區的銷售形勢分析結果進行匯總，召開工作例會進行研討，形成市場分析和銷售預測報告。銷售預測按月滾動，準確編制銷售計劃，以指導生產計劃的制訂。

　　④對各月的實際銷售量與預測銷售量進行對比分析，對差異較大的情況進行回顧分析，增長經驗。

(2)改善生產計劃編制方法

　　新的生產計劃模式是零件面向庫存生產(MTS)，組裝面向訂單生產(MTO)的柔性生產模式。根據銷售預測和已有訂單制定零件生產月計劃，維持各類零件合理庫存水準；根據訂單的發貨時間，用齊套庫

的庫存進行裝配，解決市場回應時間要短與零件生產週期較長之間的矛盾。齊套庫零件出庫後，根據庫存下降情況和已獲得的訂單及後續的市場預測，制定補充零件庫存的生產作業計劃，庫存水準動態調整，確保庫存既滿足訂單需要，又能控制在合理水準上。

圖 13-2-5　柔性生產模式示意圖

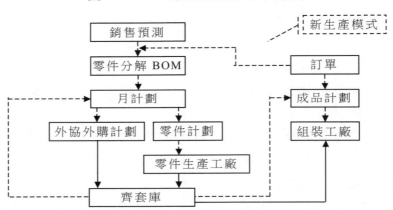

重新系統地審核、調整和制定各種期量標準。諮詢人員建議縮小有關零件生產的批量，以避免過多生產增加庫存。生產計劃部和生產部的觀念一時難以扭轉，總認為批量太小會帶來生產效率的損失。諮詢人員強調生產要以產品為導向，不能為了追求局部的生產效率而損害公司的整體效益的觀點得到公司高層的贊同。經過反覆溝通，生產計劃部和生產部摒棄了舊觀念，根據各類產品的銷售情況，確定銷售量大的產品一次投產批量為 8 台；銷售量小的產品一次投產批量為 1 台的新期量標準。

諮詢人員對產品的組裝生產模式也提出了改善建議。齊套庫按組裝順序，按部件分揀出庫。出庫的節拍是每兩天出庫一次，5 次至 6 次出庫後，可以完成一個產品的裝配。出庫批量最少為 1 台套，最大

為 4 台套，調整後的生產節拍和數量與裝配線的節拍比較吻合，做到了現場只存放供 1 天使用的物料。按照這個節拍，組裝工廠每月產能為 12 台左右，完全能夠滿足訂單交貨的要求。生產計劃部按照 BOM 的結構順序和裝配節拍制訂組裝計劃。

由於工時定額趨於準確，並且透過計劃安排盡可能縮短生產週期，生產計劃部非常擔心局部產能緊張、甚至出現資源衝突的情況，最後導致計劃不能按時完成。諮詢人員建議生產計劃部制訂出主生產計劃並進行關鍵工序能力平衡之後，再進行一次綜合能力平衡。鑑於 A 公司 ERP 系統沒有這項功能，諮詢人員建議生產計劃部用 MS PROJECT 軟體進行人工作業，將所有的工作指令按日類比排產到各個設備。透過綜合能力平衡，發現產能利用不均衡的情況，然後對一些工作指令的開始和結束時間進行微調。經過這個過程後，主生產計劃的可執行性大大提高。

(3)夯實生產計劃編制的基礎

①技術部負責建立準確的工時定額。

②按照裝配的順序形成產品→部件→零件的樹形 BOM。

這兩項工作的工作量大、專業性和技術性強，諮詢人員提出的建議是，先做產量大的主導產品，做完一個產品，生產計劃部就把結果應用到計劃編制上，經過幾次循環，逐步完善企業主導產品的期量標準，提高生產計劃的準確性和嚴肅性。工時定額修訂後，使生產計劃更加合理、緊湊，對準確評估生產能力和縮短生產週期具有重要的意義。

(4)調整生產計劃的指揮協調系統

按照諮詢人員的思路，如果生產計劃能做得相對準確，提高零件的齊套性，加強生產過程的柔性化，減少了訂單變化對生產的干擾，

則生產調度工作量將會減少。因此，諮詢人員建議 A 公司從生產部抽調 4 名調度人員加強生產計劃部門的力量，以提高生產計劃的可執行性和嚴肅性。

心得欄

臺灣的核心競爭力，就在這裏！

圖 書 出 版 目 錄

　　憲業企管顧問（集團）公司為企業界提供診斷、輔導、培訓等專項工作。下列圖書是由臺灣的憲業企管顧問（集團）公司所出版，自 1993 年秉持專業立場，特別注重實務應用，50 餘位顧問師為企業界提供最專業的經營管理類圖書。

　　選購企管書，敬請認明品牌 ： 憲 業 企 管 公 司 。

1. 傳播書香社會，直接向本出版社購買，一律 9 折優惠，郵遞費用由本公司負擔。服務電話(02)27622241　(03)9310960　　傳真(03)9310961
2. 付款方式：請將書款轉帳到我公司下列的銀行帳戶。
   - 銀行名稱：合作金庫銀行（敦南分行）帳號：**5034-717-347447**
   　公司名稱：憲業企管顧問有限公司
   - 郵局劃撥號碼：**18410591**　郵局劃撥戶名：憲業企管顧問公司
3. 圖書出版資料每週隨時更新，請見網站 www.bookstore99.com

經營顧問叢書

269	如何改善企業組織績效〈增訂二版〉	360 元		304	生產部流程規範化管理（增訂二版）	400 元
270	低調才是大智慧	360 元		305	績效考核手冊(增訂二版)	400 元
272	主管必備的授權技巧	360 元		306	經銷商管理手冊(增訂四版)	420 元
275	主管如何激勵部屬	360 元		307	招聘作業規範手冊	420 元
276	輕鬆擁有幽默口才	360 元		308	喬·吉拉德銷售智慧	400 元
277	各部門年度計劃工作（增訂二版）	360 元		309	商品鋪貨規範工具書	400 元
278	面試主考官工作實務	360 元		310	企業併購案例精華(增訂二版)	420 元
279	總經理重點工作(增訂二版)	360 元		311	客戶抱怨手冊	400 元
282	如何提高市場佔有率（增訂二版）	360 元		312	如何撰寫職位說明書(增訂二版)	400 元
283	財務部流程規範化管理（增訂二版）	360 元		313	總務部門重點工作（增訂三版）	400 元
284	時間管理手冊	360 元		314	客戶拒絕就是銷售成功的開始	400 元
285	人事經理操作手冊（增訂二版）	360 元		315	如何選人、育人、用人、留人、辭人	400 元
286	贏得競爭優勢的模仿戰略	360 元		316	危機管理案例精華	400 元
287	電話推銷培訓教材（增訂三版）	360 元		317	節約的都是利潤	400 元
288	贏在細節管理（增訂二版）	360 元		318	企業盈利模式	400 元
289	企業識別系統 CIS（增訂二版）	360 元		319	應收帳款的管理與催收	420 元
290	部門主管手冊（增訂五版）	360 元		320	總經理手冊	420 元
291	財務查帳技巧（增訂二版）	360 元		321	新產品銷售一定成功	420 元
292	商業簡報技巧	360 元		322	銷售獎勵辦法	420 元
293	業務員疑難雜症與對策（增訂二版）	360 元		323	財務主管工作手冊	420 元
294	內部控制規範手冊	360 元		324	降低人力成本	420 元
295	哈佛領導力課程	360 元		325	企業如何制度化	420 元
296	如何診斷企業財務狀況	360 元		326	終端零售店管理手冊	420 元
297	營業部轄區管理規範工具書	360 元		327	客戶管理應用技巧	420 元
298	售後服務手冊	360 元		**《商店叢書》**		
299	業績倍增的銷售技巧	400 元		18	店員推銷技巧	360 元
300	行政部流程規範化管理（增訂二版）	400 元		30	特許連鎖業經營技巧	360 元
301	如何撰寫商業計畫書	400 元		35	商店標準操作流程	360 元
302	行銷部流程規範化管理（增訂二版）	400 元		36	商店導購口才專業培訓	360 元
				37	速食店操作手冊〈增訂二版〉	360 元
				38	網路商店創業手冊〈增訂二版〉	360 元
303	人力資源部流程規範化管理（增訂四版）	420 元		40	商店診斷實務	360 元
				41	店鋪商品管理手冊	360 元
				42	店員操作手冊（增訂三版）	360 元

44	店長如何提升業績〈增訂二版〉	360元
45	向肯德基學習連鎖經營〈增訂二版〉	360元
47	賣場如何經營會員制俱樂部	360元
48	賣場銷量神奇交叉分析	360元
49	商場促銷法寶	360元
53	餐飲業工作規範	360元
54	有效的店員銷售技巧	360元
55	如何開創連鎖體系〈增訂三版〉	360元
56	開一家穩賺不賠的網路商店	360元
57	連鎖業開店複製流程	360元
58	商鋪業績提升技巧	360元
59	店員工作規範（增訂二版）	400元
60	連鎖業加盟合約	400元
61	架設強大的連鎖總部	400元
62	餐飲業經營技巧	400元
63	連鎖店操作手冊（增訂五版）	420元
64	賣場管理督導手冊	420元
65	連鎖店督導師手冊（增訂二版）	420元
67	店長數據化管理技巧	420元
68	開店創業手冊〈增訂四版〉	420元
69	連鎖業商品開發與物流配送	420元
70	連鎖業加盟招商與培訓作法	420元
71	金牌店員內部培訓手冊	420元
72	如何撰寫連鎖業營運手冊〈增訂三版〉	420元
73	店長操作手冊（增訂七版）	420元
74	連鎖企業如何取得投資公司注入資金	420元

《工廠叢書》

15	工廠設備維護手冊	380元
16	品管圈活動指南	380元
17	品管圈推動實務	380元
20	如何推動提案制度	380元
24	六西格瑪管理手冊	380元
30	生產績效診斷與評估	380元
32	如何藉助IE提升業績	380元
38	目視管理操作技巧(增訂二版)	380元

46	降低生產成本	380元
47	物流配送績效管理	380元
51	透視流程改善技巧	380元
55	企業標準化的創建與推動	380元
56	精細化生產管理	380元
57	品質管制手法〈增訂二版〉	380元
58	如何改善生產績效〈增訂二版〉	380元
68	打造一流的生產作業廠區	380元
70	如何控制不良品〈增訂二版〉	380元
71	全面消除生產浪費	380元
72	現場工程改善應用手冊	380元
77	確保新產品開發成功（增訂四版）	380元
79	6S管理運作技巧	380元
83	品管部經理操作規範〈增訂二版〉	380元
84	供應商管理手冊	380元
85	採購管理工作細則〈增訂二版〉	380元
87	物料管理控制實務〈增訂二版〉	380元
88	豐田現場管理技巧	380元
89	生產現場管理實戰案例〈增訂三版〉	380元
90	如何推動5S管理（增訂五版）	420元
92	生產主管操作手冊(增訂五版)	420元
93	機器設備維護管理工具書	420元
94	如何解決工廠問題	420元
96	生產訂單運作方式與變更管理	420元
97	商品管理流程控制(增訂四版)	420元
98	採購管理實務〈增訂六版〉	420元
99	如何管理倉庫〈增訂八版〉	420元
100	部門績效考核的量化管理（增訂六版）	420元
101	如何預防採購舞弊	420元
102	生產主管工作技巧	420元
103	工廠管理標準作業流程〈增訂三版〉	420元

| 104 | 採購談判與議價技巧〈增訂三版〉 | 420 元 |
| 105 | 生產計劃的規劃與執行(增訂二版) | 420 元 |

《醫學保健叢書》

1	9 週加強免疫能力	320 元
3	如何克服失眠	320 元
4	美麗肌膚有妙方	320 元
5	減肥瘦身一定成功	360 元
6	輕鬆懷孕手冊	360 元
7	育兒保健手冊	360 元
8	輕鬆坐月子	360 元
11	排毒養生方法	360 元
13	排除體內毒素	360 元
14	排除便秘困擾	360 元
15	維生素保健全書	360 元
16	腎臟病患者的治療與保健	360 元
17	肝病患者的治療與保健	360 元
18	糖尿病患者的治療與保健	360 元
19	高血壓患者的治療與保健	360 元
22	給老爸老媽的保健全書	360 元
23	如何降低高血壓	360 元
24	如何治療糖尿病	360 元
25	如何降低膽固醇	360 元
26	人體器官使用說明書	360 元
27	這樣喝水最健康	360 元
28	輕鬆排毒方法	360 元
29	中醫養生手冊	360 元
30	孕婦手冊	360 元
31	育兒手冊	360 元
32	幾千年的中醫養生方法	360 元
34	糖尿病治療全書	360 元
35	活到 120 歲的飲食方法	360 元
36	7 天克服便秘	360 元
37	為長壽做準備	360 元
39	拒絕三高有方法	360 元
40	一定要懷孕	360 元
41	提高免疫力可抵抗癌症	360 元
42	生男生女有技巧〈增訂三版〉	360 元

《培訓叢書》

11	培訓師的現場培訓技巧	360 元
12	培訓師的演講技巧	360 元
15	戶外培訓活動實施技巧	360 元
17	針對部門主管的培訓遊戲	360 元
21	培訓部門經理操作手冊（增訂三版）	360 元
23	培訓部門流程規範化管理	360 元
24	領導技巧培訓遊戲	360 元
26	提升服務品質培訓遊戲	360 元
27	執行能力培訓遊戲	360 元
28	企業如何培訓內部講師	360 元
29	培訓師手冊（增訂五版）	420 元
30	團隊合作培訓遊戲(增訂三版)	420 元
31	激勵員工培訓遊戲	420 元
32	企業培訓活動的破冰遊戲（增訂二版）	420 元
33	解決問題能力培訓遊戲	420 元
34	情商管理培訓遊戲	420 元
35	企業培訓遊戲大全(增訂四版)	420 元
36	銷售部門培訓遊戲綜合本	420 元

《傳銷叢書》

4	傳銷致富	360 元
5	傳銷培訓課程	360 元
10	頂尖傳銷術	360 元
12	現在輪到你成功	350 元
13	鑽石傳銷商培訓手冊	350 元
14	傳銷皇帝的激勵技巧	360 元
15	傳銷皇帝的溝通技巧	360 元
19	傳銷分享會運作範例	360 元
20	傳銷成功技巧（增訂五版）	400 元
21	傳銷領袖（增訂二版）	400 元
22	傳銷話術	400 元
23	如何傳銷邀約	400 元

《幼兒培育叢書》

1	如何培育傑出子女	360 元
2	培育財富子女	360 元
3	如何激發孩子的學習潛能	360 元
4	鼓勵孩子	360 元
5	別溺愛孩子	360 元

6	孩子考第一名	360 元
7	父母要如何與孩子溝通	360 元
8	父母要如何培養孩子的好習慣	360 元
9	父母要如何激發孩子學習潛能	360 元
10	如何讓孩子變得堅強自信	360 元

《成功叢書》

1	猶太富翁經商智慧	360 元
2	致富鑽石法則	360 元
3	發現財富密碼	360 元

《企業傳記叢書》

1	零售巨人沃爾瑪	360 元
2	大型企業失敗啟示錄	360 元
3	企業併購始祖洛克菲勒	360 元
4	透視戴爾經營技巧	360 元
5	亞馬遜網路書店傳奇	360 元
6	動物智慧的企業競爭啟示	320 元
7	CEO 拯救企業	360 元
8	世界首富 宜家王國	360 元
9	航空巨人波音傳奇	360 元
10	傳媒併購大亨	360 元

《智慧叢書》

1	禪的智慧	360 元
2	生活禪	360 元
3	易經的智慧	360 元
4	禪的管理大智慧	360 元
5	改變命運的人生智慧	360 元
6	如何吸取中庸智慧	360 元
7	如何吸取老子智慧	360 元
8	如何吸取易經智慧	360 元
9	經濟大崩潰	360 元
10	有趣的生活經濟學	360 元
11	低調才是大智慧	360 元

《DIY 叢書》

1	居家節約竅門 DIY	360 元
2	愛護汽車 DIY	360 元
3	現代居家風水 DIY	360 元
4	居家收納整理 DIY	360 元
5	廚房竅門 DIY	360 元
6	家庭裝修 DIY	360 元
7	省油大作戰	360 元

《財務管理叢書》

1	如何編制部門年度預算	360 元
2	財務查帳技巧	360 元
3	財務經理手冊	360 元
4	財務診斷技巧	360 元
5	內部控制實務	360 元
6	財務管理制度化	360 元
8	財務部流程規範化管理	360 元
9	如何推動利潤中心制度	360 元

為方便讀者選購，本公司將一部分上述圖書又加以專門分類如下：

《主管叢書》

1	部門主管手冊（增訂五版）	360 元
2	總經理手冊	420 元
4	生產主管操作手冊（增訂五版）	420 元
5	店長操作手冊（增訂六版）	420 元
6	財務經理手冊	360 元
7	人事經理操作手冊	360 元
8	行銷總監工作指引	360 元
9	行銷總監實戰案例	360 元

《總經理叢書》

1	總經理如何經營公司(增訂二版)	360 元
2	總經理如何管理公司	360 元
3	總經理如何領導成功團隊	360 元
4	總經理如何熟悉財務控制	360 元
5	總經理如何靈活調動資金	360 元
6	總經理手冊	420 元

在海外出差的‥‥‥‥‥
臺 灣 上 班 族
不斷學習，持續投資在自己的競爭力，最划得來的‥‥‥

愈來愈多的台灣上班族，到海外工作(或海外出差)，對工作的努力與敬業，是台灣上班族的核心競爭力；一個明顯的例子，返台休假期間，台灣上班族都會抽空再買書，設法充實自身專業能力。

[憲業企管顧問公司]以專業立場，為企業界提供專業咨詢，並提供最專業的各種經營管理類圖書。

85%的台灣上班族都曾經有過購買(或閱讀)[憲業企管顧問公司]所出版的各種企管圖書。

建議你：工作之餘要多看書，加強競爭力。

建立企業圖書館

當市場競爭激烈時：

培訓員工，強化員工競爭力
是企業最佳對策

「人才」是企業最大的財富。如何提升人才，是企業永續經營、戰勝對手的核心競爭力。積極培訓公司內部員工，是經濟不景氣時期的最佳戰略，而最快速的具體作法，就是「建立企業內部圖書館，鼓勵員工多閱讀、多進修專業書籍」

建議您：請一次購足本公司所出版各種經營管理類圖書，作為貴公司內部員工培訓圖書。使用率高的（例如「贏在細節管理」），準備 3 本；使用率低的（例如「工廠設備維護手冊」），只買 1 本。

工廠叢書 ⑩⑤   售價：420 元

生產計劃的規劃與執行（增訂二版）

西元二〇一八年一月   增訂二版一刷

編輯指導：黃憲仁

編著：蔡明豪

策劃：麥可國際出版有限公司（新加坡）

編輯：蕭玲

校對：劉飛娟

發行人：黃憲仁

發行所：憲業企管顧問有限公司

電話：(02) 2762-2241　　(03) 9310960　　0930872873

電子郵件聯絡信箱：huang2838@yahoo.com.tw

銀行 ATM 轉帳：合作金庫銀行　　帳號：5034-717-347447

郵政劃撥：18410591　　憲業企管顧問有限公司

江祖平律師顧問：紙品書、數位書著作權與版權均歸本公司所有

登記證：行政業新聞局版台業字第 6380 號

本公司徵求海外版權出版代理商 （0930872873）

本圖書是由憲業企管顧問（集團）公司所出版，以專業立場，為企業界提供最專業的各種經營管理類圖書。

圖書編號 ISBN：978-986-369-065-8